JN093763

伝説の外資トップが感動した「葉隠（はがくれ）」の箴言（しんげん）

新 将命
atarasi masami

致知出版社

はじめに

私が最初に葉隠を読んだのは学生時代である。

近年になってふと読み返したくなりページを繰ると、そこに綴られている記述の多くが、普段、私が講演や著書で言っている事と共通しており、中にはぴたりと一致するものも少なくないのに驚かされた。

ここまで共感をもって読めるとは、学生時代には想像もつかなかったことだ。葉隠はビジネスパーソンにとって不可欠なハウツーと見識、それも上質の見識に満ちている。

現代日本で、複数の外資系企業の社長を務めてきた私の人生観・経営観と、三百年前の封建社会に著された葉隠では、一見対極の存在であるように思われるだろう。ところが葉隠に記されている箴言(しんげん)のうち、私の考えと一致するものは多い。それも驚くほど多いのである。

この事実は、「原理原則は、時代も、社会体制の違いも超える普遍のもの」という、私の常々の主張を証明する。葉隠の記述の多くには、現代にも通用する原理原則がしっかりと貫かれているのだ。

私の意見と葉隠の記述が一致するのは、お互いが普遍の原理原則をベースにしていることに加えて、葉隠が組織に働く人（藩に奉公する人）に向けた書物だからだ。

つまり葉隠とは、当時の佐賀鍋島藩の藩士のための「ビジネス書」「自己啓発書」だったのである。

実は、私の立つステージと葉隠の立っている舞台は同じなのだ。

葉隠は、宮本武蔵の『五輪書（ごりんのしょ）』のように武道の本、武士の思想哲学を述べた書物というイメージで捉えられているはずだ。

私もそのように捉えていた。しかし、改めて読み直してみると、実は随所で三百年前の組織人の心得、振る舞い方について具体的かつ詳細に述べられている。いわば当時のマニュアル本、「ビジネス書」であることがわかる。

葉隠は、もし、あくびが出そうになったときにはどうやって止めるか、あくびの止め方まで具体的に教えてくれる。「翌日の事は、前晩より案じ、書きつけ置かれ候」（本文199ページ参照）は、今日も不変の仕事の鉄則である。

「その人の恥にならざる様にして、よき様にするこそ侍の仕事にて候」（本文152ページ参照）など、私が常に言う「最善の叱り方とは、叱られた者が叱られる前よりもやる気が高まる叱り方である」に通じるものだ。

葉隠は実に機微に通じた「ビジネス書」と言えよう。

長らくビジネスにおける普遍の原理原則を伝えることを使命としてきた私にとって、この三百年前の日本で、ビジネスの原理原則を記した書物の存在を無視することはできない。

私の体験を通じて得た知見を基に、葉隠にある現代にも通じる普遍性を提示して見せるのは、私にとって、また読者にとって意義のある仕事であると思った。不慣れな古典を相手に、あえて困難な執筆を選んだのはこういう理由からである。

とはいえ、葉隠の書かれた時代と今日では、無論まったく社会の様相が異なる。現代に主君と家来というものは存在しないし、切腹も言葉だけが比喩として残っているにすぎない。死ぬ気でやると宣言しても、本当に死ぬ人はいないはずだ。

葉隠にはこうした決定的な違いがあるため、本書は葉隠全十一巻をそのまま収録するのではなく、気の遠くなるほど長い私のビジネス体験に一致する記述、体験的に納得できる記述に絞り、その中でもさらに現代のビジネスパーソンにわかりやすいもの三十一本を選び収録した。

三十一本は葉隠全巻からすれば、氷山の一角にすぎない。もし本書をきっかけに、さらに葉隠の全貌に触れたいと思った人は、ぜひ葉隠本体に挑んでもらいたい。

葉隠とは、鍋島（佐賀）藩士の山本常朝（つねとも）が口述した話を、同じく藩士である田代陣基（つらもと）が七年間にわたって書き留めた全十一巻の書籍である。

山本常朝は主君鍋島光茂（みつしげ）公（鍋島藩二代藩主、勝茂（かつしげ）公が初代、直茂（なおしげ）公は藩祖とされる）の死去の際、殉死禁止の君命を守り、殉死することは留まったが、四十二歳で出家してしまった。以後六十一歳まで生きるが、その間に著されたのが葉隠である。

企業にはその基礎となる企業理念があり、私が企業経営で最重視するのもこの企業理念である。葉隠にも根幹となる理念が記されている。

本文では一カ所でしか取り上げていないが、葉隠全体にわたって、基盤になるのが常朝の言う「四誓願」である。

四誓願とは次のようなものだ。

一、武士道においておくれ取り申すまじき事

一、主君の御用に立つべき事
一、親に孝行仕るべき事
一、大慈悲を起こし、人の為になるべき事

すべての判断において、行動において、この四つを満たすことが鍋島藩士たる条件である。葉隠は全編この四つの誓願に押し当てて、記されたものということになる。ただし葉隠は、古い時代のものを固守せよとは言っていない。「その時代、その時代にてよき様に」という柔軟さも併せ持っているのも、実務・実用第一の葉隠らしい。こういう点でも私の持論とぴたりと一致する。

本書の執筆で最も悩んだのが、「武士道といふは、死ぬ事と見つけたり」を含む一節である。この強烈なフレーズは、現代のビジネスに置き換えることが難しい。現代のビジネスには、切腹も斬り死にもないからだ。

この一節を避けることも考えたが、この一節は、やはり葉隠の核心部分である。ここを迂回しては、葉隠の持つ普遍性を述べたところで説得力に欠ける。

切腹も斬り死にもない現代のビジネス社会だが、いまでも捨て身になる、我が身をなげうってやってみるというときはある。ビジネスパーソンでも、失敗覚悟、クビ覚悟でやるという場面、乾坤一擲（けんこんいってき）という事態に遭遇することは一生に一度や二度ではない。

組織の中で生きる者にとって、クビは死に等しい。

だが、死（クビ）を恐れ、保身のために汲々として過ごしたのでは仕事を楽しめない。仕事が面白くなくて、結果が出せるはずがない。心が保身に怯え、自由と活力を失っていたら、よい仕事ができるハズはない。

よい仕事をして、よい結果を出すには心を解放してやらねばならない。心を怯えから解放してやるには、心を束縛している保身への執着を捨てることだ。つまり、クビも仕方がないと覚悟することである。

クビを覚悟してやってみたら意外に上手くいったという経験は、多くの人にあるはずだ。

私は葉隠とは、組織の中で自分を活かして働くための「滅私奉公」ではなく「活私奉公」の知恵を記した指南書と考えている。

自分を活かして働くための極意が「死ぬ事と見付けたり」である。

したがって、一見ビジネスとは無縁に見えるこの一節を、本書から除くことはできなかったのである。「死ぬ事と見付けたり」とは、死ぬ覚悟を迫るのではなく、自由に生きるための知恵を授けているのだ。

本書は葉隠の原文とその現代語訳、それに解説文で構成している。

現代語への翻訳には、この状況ではきっとこういうことが言いたかったはずだという、私の思いを込めている。

そのため原文に忠実であることを基本としつつ、直訳では現代のビジネスパーソンにわかりにくいと思われる箇所には、補足の言葉を付け加えた。

学問的に葉隠を研究されている人から見ると、過ちと映るところがあればご指摘を承りたい。

伝説の外資トップが感動した「葉隠」の箴言＊目次

第2章　リーダーに求められるのは昔もいまも人間力、そして忍耐

第3章　葉隠に学ぶ人を動かす気配りと知恵

第4章　人生を最期まで輝かせる葉隠の教え

装幀——秦　浩司
編集協力——亀谷敏朗

本文中の原文は、岩波文庫『葉隠』（和辻哲郎・古川哲史校訂）を元に、一部表記を当用漢字とひらがなに改めた。また、送り仮名も一部を改めた。

『葉隠』は書籍名であるが、本文中では書物を表す『　』を外し、葉隠と表記している。

第1章

武士道といふは、死ぬ事と見つけたり
捨て身で挑む人には不思議と勝機が訪れる

一、「武士道といふは、死ぬ事と見つけたり」
――葉隠とは活私奉公の教科書である

聞書第一―二

武士道といふは、死ぬ事と見つけたり。二つ二つの場にて、早く死ぬかたに片付くばかりなり。別に仔細なし。胸すわつて進むなり。図に当らぬは犬死などといふ事は、上方風の打ち上りたる武道なるべし。二つ二つの場にて、図に当るやうにわかることは、及ばざることなり。我人、生きる方がすきなり。多分すきの方に理が付くべし。若し図にはづれて生きたらば、腰抜けなり。この境危ふきなり。図にはづれて死にたらば、犬死気違なり。恥にはならず。これが武道に丈夫なり。毎朝毎夕、改めては死に改めては死に、常住死身になりて居る時は、武道に自由を得、一生越度なく、家職を仕果すべきなり。

【現代語訳】

武士道とは、死ぬ事であると悟った。人生には二者択一を迫られるときがある。そういうときは早く死ぬほうを選べばよい。何も悩む必要はない。細かな事は気にせず、腹をくくって進めばよい。思惑が外れて、手柄を立てずに死んだら犬死になどと考えるのは、上方風の気取った武士道だ。

二つに一つを選ぶというときに、いつも正しいほうを選ぶということは、人知の及ばざるところである。私も人も、生か死かでは生きるほうが好きだ。二者択一が生か死かであれば、多分、好きな生のほうを何かしら理屈をつけて選ぶだろう。だが、もしその判断が間違いだったとき、それでもなお、生きることばかりにしがみついていれば腰抜け扱いされる。ここが難しいところだ。

一方、判断や行動を間違えて死んだとしても、それは犬死に、無駄死にではあるものの恥とはならない。武道の心構えはこれで十分である。

保身か捨て身か、生か死かというときは、捨て身や死を覚悟すべきだ。毎朝、毎夕、死を覚悟して、いつでも死ぬ準備、我が身を捨てる覚悟ができていれば、我が身大事の束縛から心が解放され自由になる。心に自由を得て仕事に取り組めば、生涯落ち度なく役目を果たすことができるし、実は自分自身を生かすこともできるのである。

葉隠とはリーダーのための教科書

日本の武士道に対しヨーロッパには騎士道（Chivalry）がある。騎士は国を治めるリーダーであり、彼らには“Noblesse Oblige（上流階級の人に伴う誇り高く寛大な振る舞い）”がある。葉隠の時代の武士も、民の模範となり国を導くリーダーである。武士道も騎士道も、リーダーが歩むべき道であり、リーダーの在り方を説いた教えと言えよう。

武士道とは、リーダーのマインドを支える哲学、信念である。

「武士道といふは、死ぬ事と見つけたり」。この強烈な一句によって、葉隠は広く世に知れ渡るようになった。

一方で、そのために葉隠はファナティックなイメージで固められてしまい、その中に散りばめられている「生きる知恵」に注目する人が少ないように見える。

私は、葉隠は死ぬことを迫る書物ではなく、生きるための書物、それも現代に通じる組織の中で働く人のための「よりよく生きる方法」を記した書物と思っている。いわば滅私奉公の対極にある「活私奉公の道」を具体的に説いたものが葉隠である。

「死ぬ事と見つけたり」と書いてある葉隠だが、そう言った山本常朝は、主君鍋島光茂公の逝去に際し、殉死禁止の君命を守り、死ぬことがかなわず、当時としてはけっして短くない六十一歳の天寿を畳の上でまっとうしている。

命を捨てようと思っていても、必ずしも死ねるとは限らない。これは「死ぬ事と見つけたり」と喝破していた常朝自身が身をもって痛感したはずである。

生きることは思うに任せないが、実は死ぬこともまた、ままにならないのである。

生死は人知を超えたもの、だから死ぬ気でやっても、必ずしも死ぬとは限らない。むしろ死ぬ気でやったほうが、かえって生きる道が拓けることもある。山本常朝はそこまでわかっていて、「死ぬ事と見つけたり」と言ったのではないかと私には思えてならない。

我が身大事ばかりではよい仕事はできない

「二つ二つの場にて」とは、どちらが損か得かという場面に遭遇することだ。

生きるほうが得で、死ぬのが損というのは昔の人もそう考えた。したがって、損得で物を考えれば、生きるための保身が優先される。保身のためなら、理屈などいくらでも付けられる。"Man is an essentially self-centered animal.（人は本来自己中の動物である）"とイギリスの作家オスカー・ワイルドの言う通りだ。

勝てる相手と踏んで戦っても、必ず勝てるとは限らない。負けたとき、命が惜しければ逃げるのが一番だが、それで生き残っても腰抜け扱いされる。

危ない戦いのときには、自分は安全なところにいて部下に戦わせるほうが安全だが、それで上手くいけばよいものの、そうそう思惑通りにはいかないし、部下を犠牲にして生き残っても信頼を失ってしまう。

勇将の下に弱卒なしというが、保身ばかりに腐心するリーダーに率いられる集団が強いはずがない。

保身ばかりでは、結局よい仕事などできないよと葉隠は言う。

よい仕事をするには、保身への執着から心を解放し、自由にする必要がある。リーダー本人にとっても、保身ばかりにとらわれると、それが発想や行動を縛る枷（かせ）となる。自由に考え、行動できない人によい仕事ができるはずはない。

だが、保身か捨て身かという二者択一の場面で、損得を考えないということは難しい。どうしても損得が目の前にちらつく。すると、修羅場に向かう心と身体がすくむ。そうなると、もうよい仕事などできない。

だから、普段から腹をくくっておくことが大事と葉隠は言う。

現代社会では仕事で失敗しても、本当に切腹させられることはない。しかし、降格、左遷、解雇は組織で働くビジネスパーソンにとって、ある意味で死に等しいと言える。降格、左遷、解雇が死であるなら、昇格、栄転、雇用の継続は生ということになる。難しい仕事に挑んで失敗し降格、左遷、解雇されたらどうしようと思うから、身も心もすくんで自由が奪われる。

葉隠は降格、左遷、解雇されても恥ではないと言っている。だから、はじめから降格、左遷、解雇もOKと覚悟して、仕事に臨めばよいと言うのだ。

降格、左遷、解雇はステップアップのチャンス

私自身、長いビジネス人生の中で降格、左遷、解雇（正確には解任）を経験している。だから「葉隠の言っているのは、あのときのことか！」というシーンが、いくつも目に浮かぶ。

もちろん自分から降格、左遷、解雇を望んだことは一度もないし、できれば避けたかった。

といって降格、左遷、解雇を恐れ、保身や私利を優先し、言うべきこと、やるべきことを抑えたことは一度もない。「これを言えば最悪クビになるかもしれない」と思いながらも、それが仕事にとって、またチームにとって、会社全体にとって役に立つことであるなら、覚悟を決めて主張した。その結果、本当に降格、左遷、解任されたのである。

覚悟していたとはいえ降格、左遷、解任はショックだった。しかし葉隠の言うように、それを恥と考えたことはない。むしろ保身に走り、もし何も言わないままでいたとしたら、きっといまでも後悔していたはずだ。人間、反省は必要だが後悔は無益である。

降格、左遷、解任を経験したことで得たものもある。私は、保身や私利を忘れて行動することは、案外自分にとっても、よい結果をもたらす場合が多いと体験的に知っている。

詳しくはこの後で追々と述べるが、私はすべての降格、左遷、解任から復活している。

覚悟を決めて主張した結果、降格、左遷、解任されたとしても、意外にリカバリーのチャンスは多いし、ときにステップアップのチャンスさえ巡ってくる。これも、私の体験から断言できる。

保身か捨て身か、生か死かの場面に遭遇したら、捨て身のほうをとれと葉隠は言う。そのほうが巡り巡って己に利をもたらすということを、きっと葉隠の口述者である山本常朝も知っていたのではないか。私は、自分の体験からそう思えてならない。

二、「役儀をあぶなきと思ふは、すくたれ者なり」

――社長解任を覚悟で言うべきを言ったアメリカ総本社での会議

聞書第一 ― 九三

役儀をあぶなきと思ふは、すくたれ者なり。その事に備はりたる身なれば、その事にて仕損ずるは、定りたることなり。外の事・私の事にて仕損ずることそ、辱にてあるべし。不調法にて何と相勤まるべきやとの心遣(づか)ひは、あるべき事なり。

【現代語訳】

大事な役目で失敗したらどうしようかなどと、自分の保身を思い、危ぶむ者は臆病者である。その役目に携わる身であれば、その役目で失敗することがあるのは当然のことだ。役目以外の事や私事で失敗することこそ恥である。

役目の上での失敗を危ぶむのではなく、自分は力不足であるため、どうすればきちんと務められるだろうか、という謙虚な心づかいはあってよいことだ。

失敗しても必ずリカバリーはある、リーダーは恐れず役割を果たせ

組織で働く者には役割がある。社長には社長の役割があり、部長には部長の、課長には課長の役割があり、役割には、役割に応じた権限と責任が付いて回る。権限と責任は当然上に行くほど大きくなり、かつ重くなる。

権限は欲しいが責任は取りたくないという人や、責任の重さに怯んで役割を果たすことなく逃げ回るような人は、そもそも役職に就いてはならない。いったんその役割を担った以上は、失敗したら責任を負うのは当然と腹をくくって臨むべきだと葉隠は言っている。

社長の役割には、時に自らの進退を賭けてやらなければならない事がある。進退を賭けるとは、上手くいけば社長を続けられるが、失敗すれば社長を退くということだ。社長として生きるか死ぬかということである。

社長というのは魅力的な仕事だ。社長業の七つの魅力は、いわゆるコヒコク（個室、秘書、交際費、車）の付加給付（フリンジ・ベネフィット）が付くこと、それに給料が高い、人がすり寄ってくる、ストックオプションが付く等である。

人間誰しも欲がある。これらのフリンジを失うことは怖い。特に社長を辞めると、とたんに人が寄ってこなくなるのはショックが大きい。そのため社長でありながら、決断から逃げる人も少なくない。保身のために、役割である決断を先送りするのである。これでは社長失格だ。

七度浪人せねば誠の奉公人にてなし

葉隠には「七度浪人せねば誠の奉公人にてなし」（聞書第一－一二八）と、七回くらいクビになってはじめて本物の奉公人になれるものだと書いてある。

切腹と浪人（すなわちクビ）は、奉公人が最後の最後に必ず行き着く終着点なのだから、恥でもなければ、恐れることも、気にかける必要もないと葉隠は言う。

いまであれば、葉隠のこの部分にも共感できる部分もあるが、私自身、自分が社長解任という体験をしていなければ、解任もクビも恐れるなという葉隠の主張に共感できたかどうかわからない。

たしかに保身に走るようではリーダー失格である。しかし、捨て身になればクビも覚悟しなければならない。クビになったらすべてを失う。

だから覚悟が定まらない。それでもなお覚悟を決めろと言ったところで、怖いものは怖い。できないものはできないはずだ。

しかし、保身に走っても上手くいくとは限らないし、捨て身になって失敗したとても、案外それですべてを失うというわけでもないとしたら、どうだろうか。少しは勇気が湧いてくるのではあるまいか。

私の体験をお話ししよう。

アメリカ総本社の方針に異議を訴え解任！

私は、サラ・リー・コーポレーションという、アメリカに本社のある食品やアパレル企業の日本法人社長を務めていたことがある。チャンピオンやヘインズといったブランドを持っていた。

ある年アメリカ本社から日本法人に対し、突然代理店に課すライセンス使用料を5パーセントから20パーセントに引き上げる旨の通知が一方的に送られてきた。急にライセンス料が四倍になっては代理店はやっていけない。理不尽というものだ。社員はもちろん小売店等の取引先にも大きな影響がある。ブランドを支持してくれる日本人顧客に対しても責任がある。

こうしたステークホルダーに対する責任を背負うのも、日本法人の社長の役割である。

私は私の役割と責任を果たすために、アメリカ総本社で開かれた役員会議で、本社の方針に強く異議を申し立て、文字通り机をたたいて反論した。

世界から各国現地法人の社長が集まった席である。

アメリカ総本社の結論は、方針はすでに決定している、もし方針に従えないというのであれば解任するということだった。約束は見事に見事に果たされた。その結果、私は日本サラ・リーから去る。

日本法人の社長が、総本社の決定に逆らうということは、当然解任ということがあり得る。それはもとより承知である。しかし、このとき一瞬たりとも保身や社長としての「命」を惜しむという思いは浮かんでこなかった。

自分の役割と責任を果たすことだけを考えていたのである。

とはいえ社長解任が決まった後には、これという蓄財とてない。正直この後どうなるのだろうか、自分のビジネスマンとしての人生は、もうこれで終わったかという暗い思いに包まれた。

ところが、人の生き死にが人知を超えたものであるのと同様に、ビジネスパーソンの生き死にも、うかがい知れないものがある。

日本サラ・リーの社長を辞めてから、すぐにホール・マークというグリーティングカードで世界一のシェアを持つアメリカ企業から、日本法人の社長を務めてもらいたいというオファーがあった。

クビになっても絶望することはない

当時の日本ホール・マークは、残念ながら赤字続きの会社であったが、私が社長就任後の一期目に黒字転換できた。社員が私の意をよく理解し、献身的かつ積極的にやってくれたおかげである。

一方、日本サラ・リーという会社は、いまはもう存在しない。私が去った後、しばらくしてヘインズやチャンピオンは、サラ・リーとのライセンス契約を解消し、それぞれ個別のブランド企業を日本国内に構えた。

解任はショッキングな出来事であったものの、それですべてを失ったというわけではない。私には日本サラ・リーで得た経験がある。解任さえ貴重な経験である。社長の肩書は失っても経験まで失うことはない。

「禍福はあざなえる縄の如し」が、人生なのである。

解任された結果、別の道が拓（ひら）け、そこで新しい仲間と立て直しという貴重な体験を得ることができた。だから解任やクビ、左遷や降格を過剰に恐れ、保身のために役割や責任から逃げ回る必要はないのである。

「人間（じんかん）到る所青山（せいざん）あり」という前向き、居直り哲学が肝要である。

三、「下目な役になり候時、気味をくさらかす事あり。これ悪きなり」
——降格されたときにはいままで以上に嬉々として働くべし

聞書第七－四六

生野織部教訓の事　常師年若き時分、御城にて寝酒の時、織部殿申され候は、「奉公の心入れの事申せと将監殿申され候故、心安に付て申し候。我等は何も存ぜず候。さりながら首尾よく召し使はるる時は、誰も進みて奉公をするなり。下目な役になり候時、気味をくさらかす事あり。これが悪きなり。勿体(もったい)なきことなり。唯今(ただいま)、結構の役仕る者に、水汲め、食(めし)たけと仰せ付けられ候時、すこしも苦にせず、一段すすみてするがよしと、我は覚えたり。年若くして而も気過ぎに見え候間、心入れ入るべし。」と申され候由。

【現代語訳】

生野織部殿の教訓　山本常朝先生が若い頃にお城の当直で寝酒を飲んでいたとき、織部殿に言われたのは「奉公人の心得を言ってやってくれと将監殿が言われるので、心安い関係なのでお話しいたします。

私など何も知らないのですが、人は順調に召し使われているときには、誰でも進んで奉公するものです。ところが、卑賤な役目になったときには腐ってしまうことがある。

これがよくない。もったいないことです。

現在けっこうな役目に就いている者であっても、水を汲め、飯を炊けと仰せ付けられたときには、少しもそれを苦とせずに、むしろ一歩進んで積極的にやるのがよいと私は考えています。あなたは年が若く、しかも気性の優れ過ぎたところが見えますから、気を付けなさい」ということであった。

不遇なときほどそれまで以上に明るく楽しそうに振る舞うこと

前項では私の解任体験をお話ししたが、ここでは降格体験を紹介したい。私が降格体験から得た結論は、ぴったり葉隠と一致する。

私は大学を卒業して、その後、合併の結果、昭和シェル石油（その後、出光昭和石油）と社名が変わったシェル石油に入った。日本でモータリゼーションがはじまった時代である。会社の業績も順調に右肩上がりを続けていたし、私も楽しく仕事ができた。

そうして同期入社でトップに課長となる。

ところが喜びもつかの間、上司の部長と衝突し、わずか数カ月で再び平社員へと降格されてしまった。降格はショックであったものの、まだ若かったこともあり、必ず半年以内に課長に復帰するぞという気持ちだった。

復帰のために、仕事で結果を出すということはもちろんだが、私は毎日の態度から大きく変えた。朝は誰よりも早く出社し、みんなを迎えあいさつをした。

以前よりも徹底して笑顔で人に接することを心がけ、声は一オクターブほど高く、発言は誰に対しても明るくていねいに、前向きな話をするようにした。

降格された翌日から、それまでよりも明るく、積極的に、嬉々として仕事に取り組んだのである。周囲が「彼は降格されたんじゃなかったのか⁉」と訝ったほどだった。

あのとき、もし職場を掃除しろと言われれば、私は喜んでモップを持ったことだろう。お茶を出せと言われたら、笑顔で対応していたはずだ。

しょげかえっていても事態はまったく変わらない

明るく元気で、積極的に、楽しそうに仕事に取り組んでいれば、自ずと仕事の結果も付いてくる。周囲の仲間ともコミュニケーションがよくなるから、チームワークも取りやすくなる。そうこうしているうちに、半年も経たないうちに、私は課長に再昇格することができた。

下目な役になったときに腐らず、むしろ積極的にその役目に取り組むべきだという葉隠の教えは本当にその通りである。

降格されたら、いつかはリカバリーを目指すだろうが、普通はしばらく落ち込むものである。しかし、いくらしょげかえったところで、周りの同情は得られるが、事態が何か変化するわけではない。事態を変えるというのは、周囲を変化させることだ。周囲を変えるには、まず自分が変わることが先決である。それも周囲が驚くほどでなければ効果は薄い。

葉隠が言うように、人は歯車が上手く回っているときは、誰でも明るく楽しく、積極的に仕事に取り組めるものである。反対に不遇なとき、落ちぶれたときには、人は肩を落として、精彩を欠くのが当然だ。

だから、打ちしおれているはずの人が、降格される以前よりも明るく元気でいたら、周囲の人間は驚かざるを得ないだろう。

驚きは人の見る目を変えさせる。見る目が変わると評価も変わる。評価が変わると期待度も変わる。「降格された新さん」の評価は過去のものだが、「いまの新さん」には新たな評価と期待と、少しばかりの尊敬が加わってくるのだ。評価と期待が変われば、周囲を変えることができる。人を変えるには、まず自分を変えなければいけない。

左遷・降格体験も将来への財産

昨日までよりも、明るく元気に、楽しく積極的に仕事に取り組むことは、もうひとつ自分自身をインスパイアする効果もある。

いくら気持ちは捲土重来（けんどじゅうらい）を固く期していたとしても、態度・行動で変わらなければ自分自身さえ納得させることはできない。

葉隠にも「苦を見たる者でなければ根性すわらず」とある。

誰しも望んで左遷や降格を体験する者はいないし、できることなら順調な昇進昇格を続けたいはずだ。

それを否定するつもりはない。

だが、私にとっては解任の体験とともに、若い頃の降格体験は得難い貴重な財産である。特に若いうちは失敗したとしても、その後にリカバリーできるチャンスはいくらでもある。降格や左遷を恐れて過度に安全な道を選んだり、上司の顔色を見て仕事をしては、そもそも仕事が楽しくなくなる。

せっかく選んだ仕事で、窮屈な思いや不自由な思いをするのはつまらない。失敗して降格され、「下目な役」に就かされたとしても、そこで腐らずに、それまで以上に明るく元気に、楽しく積極的に仕事をしていれば必ず元のポジション、あるいはそれ以上のポジションに復帰できるし、その過程で貴重な体験という財産も得られる。

だから、何でも思い切ってやってみればよい。

四、「生れつきによりて、即座に智慧の出る人もあり、退いて枕をわりて案じ出す人もあり」

――原理原則と理念に戻って考えれば必ず答えは出る

聞書第一―四

生れつきによりて、即座に智慧の出る人もあり、退いて枕をわりて案じ出す人もあり。この本を極めて見るに、生れつきの高下はあれども、四誓願に押し当て、私なく案ずる時、不思議の智慧も出づるなり。皆人、物を深く案ずれば、遠き事も案じ出すやうに思へども、私を根にして案じ廻らし、皆邪智の働きにて、悪事となる事のみなり。愚人の習ひ、私なくなること成りがたし。さりながら、事に臨んで先づその事を差し置き、胸に四誓願を押し立て、私を除きて工夫いたさば、大はづれあるべからず。

【現代語訳】

持って生まれた才覚によって即座に知恵の出る人もあるし、その場では知恵が浮かばなくても、退いて後に呻吟して考え出す人もいる。

この本質をつきつめてみると、持って生まれた才能に違いはあっても、四誓願に押し当てて、私心なく考えるときには、不思議と知恵が浮かんでくるものということである。

人はみんな、物事を深く考えれば、遠大なことであっても考えつくように思っているけれども、私を根にして考えていては、いくら知恵をめぐらしても、すべて邪(よこしま)な知恵が働くばかりで悪事となることしか思いつかない。

愚人の方法では、私心がなくなることはない。とはいえ、こちらが悟りを得るまで周囲は待ってくれないので、事に臨んでは、まず方法云々は差し置き、胸に四誓願をしかと立て、私心を除いて工夫すれば、大きな間違いはしないはずだ。

正しい答えは考える力より考え方で決まる

持って生まれた才覚には人それぞれで違いがある。同じ仕事をやらせても速い人と遅い人がいるのは事実だ。

だが、天才と我々凡人の差は意外に小さいものである。

陸上競技の１００メートル走で世界記録は、ウサイン・ボルト（ジャマイカ）の9秒58である。これは常人には想像もつかないとんでもない記録ではあるものの、実は普通の人の何倍も速いというわけでもない。

正確な数値は出せないが、一般の二十代前半男性を１００メートル走らせたときの速さは恐らく14秒台が平均的であろう。するとボルトとの差は三十数パーセント、意外にそう大きな開きはないのである。

無論、このわずか三十数パーセントが大きな違いなのだが、天才と凡人の差といっても、天と地ほどの差があるというわけではないということだ。

仕事の速さで比べたときには、概して速い人のほうを「仕事のできる人」、遅い人を「仕事のできない人」と我々は捉えがちである。

拙速は巧遅に勝るが、ビジネスの常識だからだ。

しかし仕事は結果で評価されるものである。速くても結果が悪ければダメだし、遅くても結果がよければＯＫ。それが評価だ。

それ故に、ビジネスでは往々にして周回遅れがトップに立つことがある。

大事なのは考える力より考え方

いかに才覚があっても考え方が邪（よこしま）であったり、人道に悖（もと）るもの、原理原則に反するものであれば、正しい答えを得られるはずがない。これが道理である。

誤った答えで行動すれば結果も誤ったものとなる。

ノーベル経済学賞受賞者が運用に参加した投資会社ＬＴＣＭ（ロングターム・キャピタル・マネジメント）はわずか五年間で破綻した。

最先端の金融工学を駆使したリーマンブラザーズの破綻は、世界的に不況をもたらした事件としていまも記憶に新しい。

インターネットを使い新たな電力供給の形をつくったエンロンの破綻も、企業家の良心が問われた事件であった。

ＬＴＣＭ、リーマンブラザーズ、エンロンの経営者には抜群の考える力があっただろうが、全員考え方を間違えていた。

いかに考える力に優れていようと、考え方を誤っていればけっして正しい答えは出せないし、正しい答えが導き出せなければ望ましい結果も得られない。

では正しい考え方とは何か。それは「四誓願」に基づくことと私心をなくすことである。これが葉隠の主張だ。

四誓願とは葉隠の序章にある一、武士道においておくれ取り申すまじき事。一、主君の御用に立つべき事。一、親に孝行仕るべき事。一、大慈悲を起し、人の為になるべき事の四つの誓いである。

これが鍋島武士にとって「理念」「行動指針」に当たるものと思う。

この四つに基づいて考え、出した答えがこの四つの条件を満たすものであれば、大きな間違いはないという。

四誓願に押し当て、私心をなくして考えれば不思議と知恵が出てくるものだというのは、企業経営において迷ったときには理念に還り、理念に基づいて考えれば、自ずと正しい方法が見えてくるという私の日頃の主張と大部分重なっている。

私心を捨てて考えよ

考え方の基本となる理念や原理原則を持っていなければ、考える力があっても大きく道を外すだけとなる。

アメリカの大学が調査したところでは、年商三十億ドル以上の企業では75パーセント以上に企業理念があり、十億から三十億未満では57パーセント、十億未満では企業理念のある企業は47パーセントであった。企業経営でも考え方の基軸を持つところは強い。

次に葉隠が指摘しているのは私心を捨てることである。

私心とは我欲、すなわち保身の心や利己心、功名心といった邪な心である。これらを排して物事を考えよという。

たしかにその通りなのだが、これは実はそう簡単なことではない。

意識して我欲を排除しようとしても、排除しきれないのが我欲である。オスカー・ワイルドの言う通り人間は本質的に自己中心的な動物だからだ。自分では気がつかないうちに考えに我欲が紛れ込むことがある。

かなりの正直者でも、そういうところが見受けられる。

道を外さない知恵

実は葉隠もこの点についてわかっており、次のようにも言っている。

「我が智慧一分の智慧ばかりにて万事をなす故、私となり天道に背き、悪事となるなり。（中略）真の智慧にかなひがたき時は、智慧ある人に談合するがよし。その人は、我が上にてこれなき故、私なく有体の智慧にて了簡する時、道に叶ふものなり。（後略）」（聞書第一－五）

人一人の知恵はわずかなものである、そのわずかな自分の知恵だけで何でもやろうとするから、自分の枠から出ない自分だけの勝手な判断となり、原理原則にそむいた邪な考えになるのだ。

よい知恵のないときには、誰か知恵のある第三者に相談するとよい。

第三者にとって、相談内容は他人事だから、私心なく冷静に見ることができる。他人事だからよいのだ。私心なく真っすぐに見ることができれば、その判断も道に外れることはないという話である。

ワンマン経営者が判断を誤るのは、周りをイエスマンばかりで固め、意見や異見をしてくれる人物を遠ざけるためである。

よい経営理念を持ち、経営理念に基づいて判断して、人の意見や異見に対し積極的に耳を傾けることが、経営の道を誤らない決め手である。これができる経営者で、失敗した人は見たことも聞いたこともない。

ビジネスは結果だが、よい結果を出すための決定的な要件は考える力よりも考え方にある。正しい考え方に求められるのが、理念と相談相手となるよき師（メンター）だ。

五、「大変に逢うては歓喜踊躍して勇み進むべきなり」

――困難な仕事こそ千載一遇のチャンスと心得よ

聞書第一－一一六

大難大変に逢うても動転せぬといふは、まだしきなり。大変に逢うては歓喜踊躍して勇み進むべきなり。一関越えたる所なり。「水増されば船高し。」といふが如し。村岡氏御改め前意見の事。口伝。

【現代語訳】

とても困難なことや大変な事態に遭遇してもうろたえない、ということではまだまだである。大変な事態に遭ったなら、大いに喜び勇んで進むべきだ。これが一段超えた境地である。

「水増されば船高し（水かさが増して水位が上がれば、浮かぶ船の位置も自ずと高くなる＝難しい事態に臨み、事態を解決しようとすれば、その事態の難度に応じて自分の能力も高まる）」というのと同じだ。村岡氏がお改め前に言われた意見である。

変化を恐れるは武士にあらず

大変な事態に直面したら、チャンス到来と喜んで挑むべきである。「大変に逢うては歓喜踊躍して勇み進むべきなり」、これもまったく同感だ。我が意を得たりと言える。

大役を仰せつかったときには、果たして自分にできるだろうかと不安になることもある。だがしり込みすることはない。失敗したとしても、必ずそれは財産になる。小さな舞台での失敗は小さな財産となり、大きな舞台での失敗は大きな財産になる。失敗しなければ、それも成功体験という財産で残る。

いずれにしても大切な財産が貯えられるのだから、大変なことに巡り合うのはチャンスと言えよう。

「水増されば船高し」、困難な事態は難易度が高いほど、得られるものも大きい。大役や難しい仕事が回ってきたときには、このくらいの気持ちで臨むほうがよい。私もそう思う。

時あたかも新型コロナによるパンデミックである。世界中が混乱しているいまこのときこそ、葉隠の教えが生きるはずだ。

鉄道、航空、観光業界は文字通り大変である。居酒屋や飲食店も同様だ。一方、急変していることもある。リモートによって働き方改革は、予想よりも早く、大きく進みはじめている。サービス・流通を中心に業態の変化も急速に進んでいる。ロボットやドローンの導入も十年早まりそうだ。

コロナ禍で大変と急変が同時に起こっている。

変化をチャンスとする勇気

コロナ禍は招かれざる客である。勝手に向こうから突然やってきた。変化に対応するには、自ら変わるしかない。いま日本でも変化に対応した変化が急速に行われようとしている。

だが、変化に対応するためには、受け身の変化では下策である。上策は、自ら主体的に、積極的に変わることだ。

そのためには大変を大難とは捉えずに、チャンスと捉えることが基本である。チャンスと思えば歓喜踊躍して臨めるはずだ。

とはいうものの、人は概して変化を嫌う保守的な動物である。

英語で変化とは言うまでもなくＣＨＡＮＧＥだ。このＣＨＡＮＧＥのＧをＣに変えると、ＣＨＡＮＧＥはＣＨＡＮＣＥとなる。

ＣＨＡＮＧＥ（変化）をＣＨＡＮＣＥ（チャンス）にするにはどうすればよいか。

ＣＨＡＮＧＥのＧには小さなＴがくっ付いている。Ｇから小さなＴを取るとＣになり、ＣＨＡＮＧＥはＣＨＡＮＣＥとなる。

ＣＨＡＮＧＥのＧにくっ付いている小さなＴとは、“Threat（脅威・脅し）”のＴである。変化とは未知の領域に入っていくことだ。人は知らない世界を恐れる。変化を邪魔する者は、この人の心を利用して脅しをかけるのだ。

この〝Threat〟脅しを排除することによってＣＨＡＮＧＥはＣＨＡＮＣＥとなる。脅しに屈してはならない。勇気を持って〝Threat〟のＴを排除しよう。

現実は想像ほどではないという葉隠の教え

変化は怖いという脅しが有効なのは、変化はすべからく未経験の分野だからである。未知の世界を恐れるのは仕方がないが、知らない世界というだけで恐れることはない。実際にやってみたら、意外に上手くいくということは多いものだ。

葉隠にもこうある。

「（前略）浪人などと云ふは、難儀千万この上なき様に皆人思うて、その期には殊の外仕おくれ草臥るる事なり。浪人して後は左程にはなきものなり。前方思うたるとは違ふなり。今一度浪人したし。（後略）」（聞書第一－九二）

浪人（失職）などしようものなら、難儀することばかりとみんな思っているから、そうなってしまったら心が折れ、くたびれ果てるものだ。ところが自分が浪人してみたら、それほどのことはなく、思っていたほどひどいものではなかった。むしろ、もう一度浪人したいくらいであると言うのだ。

案ずるより産むがやすしという。恐れる心が柳を幽霊に、影を鬼に見せるのである。何事も実際にやってみれば、想像を絶するような苦労などない。渡る世間に鬼はないのに、恐れる心が渡る世間を鬼ばかりにするのである。

私はシェル石油から日本コカ・コーラ、ジョンソン・エンド・ジョンソンと二度転職している。望んだ転職であるからCHANGEはCHANCEであり、私は心を躍らせて新しい職場に移った。

それでも未知の環境であることには違いない。不安はあった。実際に想定外の出来事に戸惑ったこともあったが、想像を絶するような恐ろしい目や嫌な目に遭ったことなどは一度もなかった。

左遷もまたチャンス

日本コカ・コーラ時代に、本社の部長から大阪支店の部長に異動させられたことがある。本社の部長と支店の部長では格が違う。有り体に言えば左遷人事だった。

左遷で、しかもなじみのない大阪へ赴任するのであるから、大変の上に大変が重なる事態である。ショックがなかったと言えばウソになる。しかし「水増されば船高し」、つらいとき、困難なときほど人を成長させるときはない。

普通は意気消沈して都落ちするのだが、私はこのときも未知の環境に心を躍らせて臨むように自らを鼓舞した。

大阪支店では左遷された元本社部長ではなく、頼もしい支店の部長と認められるように全力を尽くした。その結果、大阪支店では支店長以下、部下同僚に恵まれたこともあり、業績を大きく伸ばすことができた。そして、それがアメリカ本社への転勤という次への大きなステップとなったことは間違いない事実だ。

この体験からも、困難な場面で失意泰然というだけでは物足りない、失意のときこそチャンスに心を躍らせるべきという葉隠の教えに強く共感するのである。

六、「万事しだるきこと十に七つ悪し」
――最初の一分間の判断を重視せよ　三つの外れはＯＫ

聞書第一－一一二

古人の詞に、七息思案と云ふことあり。隆信公は、「分別も久しくすればねまる。」と仰せられ候。直茂公は、「万事しだるきこと十に七つ悪し。武士は物毎手取早にするものぞ。」と仰せられ候由。心気うろうろとしたるときは、分別も埒明かず。なづみなく、さわやかに、凛としたる気にては、七息に分別すむものなり。胸すわりて、突つ切れたる気の位なり。口伝。

【現代語訳】

いにしえの人の言葉に、七息思案というものがある。龍造寺隆信公は「分別も時間をかけてばかりいては質が落ちる」とおっしゃられた。

鍋島直茂公は「万事だらだらやっていることは、十のうち七つは上手くいかない。武士は物事を手早く進めるものだ」とおっしゃられたという。

気持ちに迷いがあって心が定まらないときには、思案もなかなか決まらないものだ。こだわりなく、さわやかに、凛とした気持ちでいれば七呼吸のうちに判断はできる。心を落ち着けて、吹っ切れた気持ちで構えるのだ。

仕事の品質を高める葉隠の知恵

会議は時間がかかればかかるほど結論の質が下がり、時間ばかりかかる仕事は概して出来がよくない。仕事はてきぱきと進めたほうがよい。これは葉隠に学ばなくても、多くのビジネスパーソンが体験的に知っていることだろう。

生産性の悪い仕事の進め方は「お役所仕事」と称されることが多い。役所に働く人にとっては不名誉な言葉であり、反論もあるだろうが、鍋島直茂公も「しだるきこと十に七つ悪し」と言っているところをみると、昔のお役人の仕事ぶりも、やはり生産性の低い部分が目についたのだろう。

英語でも"Diminishing returns（収穫逓減）"という言葉がある。ものを考えることも同様で、私は「限界思考逓減の法則（下手な考え休むに似たり）」と呼んでいる。

もって生まれた才覚の差から、知恵の出るスピードに違いはあるものの、仕事の評価は結果次第。だから、速ければよいというものではない。そうすると、この「しだるきこと十に七つ悪し」と矛盾しそうな気もする。

ところどころで矛盾しそうな記述のあることも葉隠の特徴だが、ここで問われているのは才覚の違いとは別の次元だ。すなわち才覚があろうとなかろうと、仕事はてきぱきとやらなければよい結果が出ないという一つの鉄則である。

才覚があるならあるなりに、才覚がないならないなりに、てきぱき仕事を進めるための気構え心構えを求めているのである。この点について異論反論は少ないだろう。

きちんとやっているつもりがダラダラになる理由

ダラダラ仕事がよくないことは、みんながわかっていることであるから、自分の仕事ぶりをダラダラやっていると考える人はいないはずだ。

ほとんどのビジネスパーソンが、それなりにきちんと仕事をしていると自己評価しているだろう。時間がかかっているのは、仕事を丁寧に慎重に進めているからだ。あるいは自分のやっている仕事は重要なので、簡単に進めることはできない。

そんなふうに考えている。

だが、時間のかかっている理由をつぶさに見れば、本当に合理的であるかどうか疑問も多い。慎重に進めていると言いながら、実は単なる先送りの言い訳であったり、難しい仕事だから簡単には進まないというものの、その原因は段取り不足、事前の準備不足であったりすることが少なくない。これらは、結局ダラダラ仕事をやっているに他ならない。

近頃、政府が音頭を取って押印廃止を進めているが、仕事を進めるために多くの関係者の承認を得なければならないことがある。こうした関係者の間で承認を得る作業は、それだけで多くの時間を取る。

「仕事の量は、完成のために与えられた時間をすべて満たすまで膨張する」（パーキンソンの第一法則）といわれるように、仕事の量と人の数だけ増えていくため、かつてはいざ知らず、今日ただいまでは無用と思われる手続きまで残っていることも珍しくない。

こうした制度の不備もダラダラ仕事の背景にある。

直茂公の指摘は、「侍の仕事は手っ取り早くするもの」という原理原則を示すことで、こうした制度の不備をも改めよという趣旨だったのではないかと思う。

100パーセントを求め逃がした人財

社長業とは判断と決断の連続である。だが、これは社長業だけのことではなく、管理職も一般社員も同様だ。さらに人生においても同じことは言える。

判断に迷ったとき人は往々にして先送りをする。

判断や決断は先送りすればするほど事態が悪化するものだ。わかっているはずだが、一日くらい、一週間くらいならいいだろうと、ズルズルと先延ばしにしてしまう。やってはいけないとわかっていながらやってしまうのだ。

明治の元勲大久保利通は、下から上がってきた提案に対し、「やりましょう」と「考えておきます」としか言わなかった。やりましょうはGOだが、考えておきますは先送りではない。NGである。判断は即決だったのだ。

私は社長時代、可能な限り即断即決を励行した。しかし、ときに判断に迷い先送りしたこともある。

ジョンソン・エンド・ジョンソンの社長時代、部長職の人財を中途採用しようとした。応募者の中には、これという人物が一人いた。社長面接まで進み、私はこの人物なら十分に期待に応えてくれるものと思った。

だが、中枢となる幹部の採用である。なお慎重に進めるべきではないかと考え、結論をその場では出さずに先送りしたのである。

その間に、くだんの応募者は別の会社に決まってしまった。やはり七息思案で決めるべきであったと、いまも忸怩(じくじ)たる思いである。

70点主義でいこう

１００パーセントの完璧を求めようとすれば、判断に時間を要する。

このときの私の迷いも、中枢の人財採用に完璧を求めたせいだ。１００点でなくてもよい。70点であれば合格点と考えれば判断は早くなる。

この70点の点数配分のうち、最も大きな比重を占めるのが理念の共有度である。その人の考え方は我が社の理念にかなっているか。かなっていればGOに大きく傾く。かなっていなければNGである。

あとは目の前の情報を基に判断するだけだ。だが、情報は完璧ではない。フェイクニュースも交じっていないとは言い切れない。

そこで情報勘が決め手となる。勘である以上、これも100パーセントは期待できないが、普段から現場に足を運び、現場の空気を感じていれば、怪しい情報にはピンとくるものだ。

理念との整合性と情報勘を信じることができれば、判断を大きく間違えることはない。

百のうち三十は外れてもよしと、腹をくくるべきである。

七、「その時代その時代にて、よき様にするが肝要なり」

――唯一不変なこととは変わることである

聞書第二―一八

時代の風と云ふものは、かへられぬ事なり。段々と落ちさがり候は、世の末になりたる処なり。一日も同然なり。一年の内、春ばかりにても夏ばかりにても同様にはなし。一日も同然なり。されば今の世を、百年も以前のよき風になしたく候ても成らざる事なり。されば、その時代時代にて、よき様にするが肝要なり。昔風を慕ひ候人に誤あるは此処なり。合点これなき故なり。又当世風ばかりを存じ候て、昔風をきらひ候人は、かへりまちもなくなるなりと。

【現代語訳】

時代と共にある文化や風習、価値観というものは、変えられないことである。だんだんと堕落し、乱れてきているのは、世も末になっているということだ。

一年のうち、季節が春ばかりであったとしても、夏ばかりであったとしても、同じ毎日があるということはない。一日、一日、異なる春の日であり、夏の日であるはずだ。一日の間でも、必ず変化しながら時が進む。

現在とは過去からの変化の結果である。そうであれば現代を、百年も前のよい風習の時代のように戻したくても、戻すことはできない。それならその時代、時代の文化や風習、価値観に応じて、よいようにすることが肝要である。

昔風を好む人が、往々にして勘違いしているのはこの点にある。変化は止めることができない、変化に応じつつも、大事なことを守り続けるということを理解していないからである。

その一方で、時代の流行ばかりに注目して、昔のやり方を嫌う人は、根本がないから流行を追っても浅薄でしかない。

不易流行という原理原則を守れ

いつの時代でも昔はよかったという意見がある。懐古趣味と片づけるのは簡単だが、やはりそこには一つの真理もある。時代は移れど、我々が人間の社会で生きている以上、変わらぬ原理原則があるからだ。

葉隠も、時代と共に人々の価値観や行動が変わることは止められないと言っている。時代の変化を嘆くばかりでなく、積極的に変化を受け入れ、その上でけっして変わらない原理原則を守ることが大切なのだ。それが葉隠の主張である。

昔の規範を堅守することを第一にしているように見えがちな葉隠だが、実はこんな柔軟な考え方を持っていることに、やや驚かされるではないか。

変化を先取りしつつ、原理原則を守る。このことを短い言葉で表現しているのが、俳聖松尾芭蕉から伝え聞いた、俳諧の心構え等を、向井去来がまとめた書『去来抄』にある。「不易を知らざれば基立ちがたく、流行を知らざれば風新たならず」。時代が変わっても変わらない真理や原理原則を知らなければ、俳句の基本はでき上がらない。同時に時代と共に変わる流行を知らなければ、作風が新しくならない。この教えを我々は「不易流行」と呼んでいる。

流行とは単なる「はやり」ではなく、状況の変化に対応するという意味であり、社会の変化に応じ、変えるべきものは変えるということになる。

世相を嘆く葉隠

もう少し卑近な表現をすれば、時代を超えた普遍性の高い原理原則を知らなければ、我々人間の根本がわからない。人間の根本がわからなければ、何をするにもその大本がわからないままとなる。したがって不易（時代が変わっても変わらない、変えてはいけない永遠の真理や原理原則）を無視しては基礎が成り立たないのだ。

一方、時代は常に変化する。英語でも〝The only constant is change.〟という表現がある。「唯一不変なこととは変わり続けることである」というちょっとひねった意味だ。変化に無関心では、俳句もビジネスも時代遅れの不用品となってしまう。肝心なのは、この両者のバランスを取ることにある。バランスを取るときに大切なのは、流行に流されないことだ。

変化に対して柔軟な姿勢を示す葉隠だが、変化の結果、肝心なことが風化したり、乱れることまで許しているわけではない。当時の風潮や人々の振る舞いについては、かなり問題視している。

「今時の奉公人を見るに、いかう低い眼のつけ所なり。スリの目遣ひの様なり。大かた身のための欲得か、利発だてか、又は少し魂の落ち着きたる様なれば、身構へをするばかりなり。（後略）」（聞書第一－三五）

いまどきの武士は、いかにも志の低いところばかりに関心を持って見ている。まるでスリのような目つきだ。ほとんどの人は自分自身の欲得か、利口に立ち回ることに関心が向いている。すこし心が落ち着いている者であっても、かっこうをつけることばかりを気にしている、と時代の軽薄な風潮を嘆き批判を加えている。

世相の紊乱は奉公人としての心構えが退廃しているからで、常住死身で主君のために尽くすという武士の基本が疎かにされているから、みんなが道を外しかけているというのが葉隠の戒めである。今日の世相に通じる記述もある。

「（前段略）又三十年以來風規打ち替り、若侍どもの出合ひの咄に、金銀の噂、損得の考へ、内証事の咄、衣裳の吟味、色慾の雑談ばかりにて、この事なければ一座しまぬ様に相聞へ候。是非なき風俗になり行き候。昔は二十、三十ども迄も素より心の内に賤しき事持ち申さず候故、詞にも出し申さず候。年輩の者も計らず申し出し候へば、怪我の様に覚え居り申し候。これは世上花麗になり、内証方ばかりを肝要に目つけ候故にてこれあるべく候。（後略）」（聞書第一－六三）

この三十年で人々の気風が変わり、若い武士が出会ったときの話題は銭金の事、損した得したというような話、懐具合の話、お互いの服装の批評、色恋事の雑談ばかりで、こんな話題でなければ座が持たないのだそうだ。嘆かわしき風潮である。

昔は二十歳、三十歳くらいまでは、もとより心の内に卑しい考えを持っていなかったから、口に出すこともなかった。また年配者でも、うっかりそのようなことを口にしたときには、怪我でもしたように思ったものである。

こうした風潮になったのは、世の中が華美になり、経済的な事ばかりを大事に考えるようになったからだ、と若い武士の振る舞いに苦言を述べている。まるで私が現代の若者を見て苦言を呈しているように錯覚してしまう。

流行に惑わされるな

企業経営にも流行がある。「エクセレント・カンパニー」がもてはやされた時代もあるし、十年前には「ゲーム理論」「ブルー・オーシャン戦略」などもあった。

企業の形態も松下電器（現パナソニック）の事業部制が脚光を浴びた時代もあった。いまは大企業のほとんどがコーポレート制を採用している。「全体最適」に基づき最もコストの低い国で作り、最も高い国で売るということで、アジアに生産拠点を移した企業は多い。

多角化戦略が流行したときには各社が新事業に走った。

１９９０年前後にはＣＩ（コーポレート・アイデンティティ）が流行り、このとき社名をカタカナに変えた企業は数え切れない。

流行はブームのときには、それが最善のように見える。だが、実際にはすべて一過性のことで、ピークを過ぎれば見劣りし、必ず次の流行がやってくる。そんな流行にいちいち乗っていくのは、必ずしも賢い選択とは言えない。

多角化に走った企業は、後に多くが密かに事業を絞っていた。ＣＩでロゴマークをＪＡＬに変えた日本航空は、再び昔の鶴のマークに戻した。

企業形態では、私がかつて日本法人の社長を務めたジョンソン・エンド・ジョンソンは昔から一貫して分社による「小さな事業体の集合」という戦略を守り続けている。

いまの日本で三百年前と同じく着物で生活せよといっても、ビルで働き、マンションで暮らす人には洋装のほうが合理的だ。インターネットは嫌いといっても、昔のように手紙でやり取りすることはできない。社会は今後ますます変わっていくだろう。

肝心なのは変化の中にある「不易」を見落とさないことである。

八、「理は角なるもの、極まりて動くことなし」
――理は時代が変わっても変わらない不易の真理

聞書第一〇―五

或人（ある）、「理と非との形を知りたり。」と云ふ。その形を問へば、「理は角なるもの、極まりて動くことなし。非は丸き物なり、善悪邪正をきらはず、所をさだめず、ころぶものなり。」といへり。

【現代語訳】

ある人が「理と非の形がわかった」という。その形を問うと「理は角ばった形のものである。定まって動くことがない。対するに、非は丸い形をしている。そのため善悪や正邪にこだわることもなく、位置も定まらず、転がるものである」と言った。

理のある非を行おう

達人とは、状況に合わせ、理と非を巧みに使いこなす人を言うのではないだろうか。

現代の言葉では、理は「理にかなっている」「理性的」というようによいイメージがある。昔もそうだったようだ。一方、非は今日では「非道」「非行」「非常識」と悪いイメージを持つ文字だ。

だが、「非常のときは非常の措置をもって事態を収拾する」という言い方や「非凡」という言葉もあり、非の付く言葉がすべて悪い意味を持つとは限らない。

葉隠が指摘するように「非」とは、状況に応じて変化するようだ。

「理は角なるもの、極まりて動くことなし。非は丸き物なり、善悪邪正をきらはず、所をさだめず、ころぶものなり」とは前項で取り上げた芭蕉の「不易流行」に相通じる。

理は不易であり、時代が変わっても場所が変わっても、相手が変わっても変わることのない普遍で不変の真理・原理原則である。一方、非は流行であり、時代や場所、人によっても変わる。

自分の見識にこだわるな

理に捉われてばかりいると、我々は肝心な事を見落とすことがある。それは我々が理と信じている事が、実は非であるかもしれない。葉隠にもこうある。

「不義を嫌うて義を立つる事成り難きものなり。然れども、義を立つるを至極と思ひ、一向に義を立つる所に却つて誤多きものなり。義より上に道はあるなり。（後略）」（聞書第一－四四）

不正を嫌って正しいと信じていることを貫くというのは難しいことである。正しいと信じていることが至上の物であると思い、一心に正しいことをやろうとすると意外に誤ることが多い。

正しいと信じていることとの上に、普遍の真理・原理原則はある。自分が正しいと信じていることとは、果たして普遍の心理や原理原則にかなっているか、時に視野を広げて見直してみることが大切だ。葉隠はさらにこう言っている。
「一世帯構ふるがわろきなり。精を出して見解などのあれば、はや済まして居る故間違ふなり。（中略）見つけたる分にて、その位に叶ふ事は思ひもよらず、只これも非也非也と思うて、何としたらば道に叶ふべきやと一生探促し、心を守りて打ち置く事なく、修業仕るべきなり。（後略）」（聞書第一－五九）
一家言を持つようになるのがよくない。一生懸命勉強して見識を固めると、もうそれで完成したと思うから誤るのだ。自分が悟ったと思う程度のことで、もう成就したなどとは思ってもいけない。これはまだ真理に至らない、これもまだだと思い、どうしたら真理にたどり着けるかと、一生をかけてひたすら探究する心を持ち続け、修行を続けるべきであると葉隠の指摘は手厳しい。悟ったと思うくらいのことでは、それはまだ非なのだ。

時代によって変わることは非

理と非を混同せずに理は「理」、非は「非」と見分けていれば、一つの型に縛られ身動きできないということもなくなる。

歴史のある企業は過去の成功体験が枷となり、なかなか改革ができない傾向がある。こういう状態を英語では"Revenge of Success"と言う。「成功の復讐」である。過去の成功が仇となるのだ。

成功者は、自身の成功体験を不動の真理として捉えたがるが、実は成功体験の多くは「非」である。時代が変わり、社会が変わり、人が変われば通用しない。

我々はつい非を見て理であるかのように思い込んでしまう。

昭和の高度経済成長時代の名政治家、田中角栄元総理が今日ありせばという声は多い。この「角栄待望論」に対して、最も角栄の身近にいた政治家小沢一郎は、いまの時代に角栄がいてもかつてのようなことはできない、角栄の時代と現在では何もかもが違う、田中角栄はあの時代の名政治家なのだと言っている。恐らく小沢一郎の見立ては正しいだろう。

成功体験は甘い夢である。人は誰でも夢を見たい。成功体験が強烈で栄光に包まれていればいるほど、それを「非」とすることは簡単ではない。

しかし非を理とするは誤った願望である。いくら強い願望であろうとも、それが誤ったものであれば永遠に実現することはないのだ。

理と非は共存する

コロナ禍の今日は「非」が求められている時代である。お客に足を運んでもらうことが常識の飲食店にとってみれば、いままでは「非常識」とされていたお客のところへ料理を運ぶというサービスが飲食業の生死を分けている。

お客の戻ってくるのを耐えられる限りじっと待っているお店と、積極的にお店の外へ出ているところでは、収益で大きな差がついている。飲食業がお店から出るというのは「非」であるかもしれないが、会社を潰してはならないという大きな「理」を守るためには勇気を持って「非」を行うべきである。理と非は至るところで共存している。

飲食業と共に、コロナ禍で大打撃を受けている航空業界でも社員を他業種に出向させるという「非常識」な手段がとられた。他業種へ社員を出向させるのはたしかに「非」だ。しかしコロナ不況から回復したときに、会社を支える人財が要る。その雇用を維持するための出向には「理」がある。ここでも理と非は共存している。

企業はオフィスに社員を集めることをやめ、リモートでビジネスを進めるようにした。コミュニケーションも商談も、フェイス・トウ・フェイスからリモートに取って代わられようとしている。

「これは果たして「理」であるか、「非」であるか。それは、今後の様子を見たいところだが、こうした行動の変化の中にも理と非は共存しているはずである。

そして最後に企業にとって最も重要な「理」とは何か。それは間違いなく経営者の倫理観である。「極めて高い倫理観」を持たない経営者は、すでに非経営者となっている。

第2章

リーダーに求められるのは
昔もいまも人間力、そして忍耐

九、「内々にては広言をいひて、事に臨みて違却する人あるべし」

――リーダーの基本は常に“Walk The Talk”である

聞書第一－八一

唐土に、龍の図を好める人あり。衣服、器物にも龍の模様ばかりを付けられたり。その愛心深き処、龍神に感通して、或時窓前に真の龍顕はれたり。この人驚き絶入りしけるとなり。内々にては広言を云ひて、事に臨みて違却する人あるべし。

【現代語訳】

中国に龍の絵を好む人がいた。衣服や器物にも龍の模様ばかりをあしらっていた。その龍を愛する心の深いところが龍神に伝わり、あるとき、窓の前に本物の龍が現れた。

この人はびっくりして気を失ってしまった。

普段内々では、大きなことを言いながら、いざ事に臨んでは言っていた事とやる事が違うという人がいるものだ。

リーダーは言った通りに歩け

龍や虎の絵柄を好む人は今日でも大勢いる。いくら虎の絵柄が好きだといっても、突然本物の虎が現れたら、大喜びで駆け寄り抱きつくという人はいないはずだ。ほとんどは驚いて気絶しないまでも、安全な場所を求めて逃げ出すだろう。

この故事の人物にはやや同情を禁じ得ない。

とはいえ普段は自己主張が強く、自慢話ばかりしている人が、イザという場面ではしり込みして、何の役にも立たないということでは、甚だみっともない上に、周りの人からの信頼も大きく失墜させてしまう。

私の社長時代に、大言壮語が目立つ最年少の役員がいた。最年少で役員になるくらいだから優秀ではあるものの、理に聡く機を見るに敏というタイプだった。私は彼のこの行動傾向を何とか改めたいと思っていた。

あるとき彼から、かなり大きなプロジェクトの発案があった。すでに実行部隊の人選も済んでいて、すぐにでも取り組めるということである。

実行部隊を編成するのは構わない。役員だから陣頭指揮を執らないこともある。しかし、どうもプロジェクトが上手くいかなかったときの保身のために、自分を埒外に置いているように見えた。

彼自身の安全保障が優先されている。

私はプロジェクトを承認する条件に、彼自身が現場に立って陣頭指揮を執ることとした。退路を断ってプロジェクトに全力を傾けてもらうことと、そこで彼に一皮むけてほしかったからである。

だが、私の条件を聞いたことで彼はプロジェクト推進の勢いを失い、その後、紆余曲折を経て、結局プロジェクトはお蔵入りとなった。若い役員だったので、惜しいことをしたと思っている。

NATOからWTTへ

私は昔からリーダーは「NATOを脱退しWTTに加盟せよ」と言っている。ただし政治的な発言ではない。

NATOといっても〝North Atlantic Treaty Organization〟（北大西洋条約機構＝アメリカとヨーロッパの軍事同盟）のことではない。

〝No Action Talk Only〟の略である。口先ばかりで行動がないということだ。

WTTは英語の〝Walk The Talk〟の略である。意味は「言った通りに歩く」で、日本語では「有言実行」「言行一致」「知行合一」に相当する。

私はリーダーにとって最も大事な要件の一つが、この〝Walk the Talk〟（有言実行）であると考えている。

一方で、大言壮語やおおぼらはいくら吐いてもよいとも思っている。言った通りに実行すればよいだけだからだ。葉隠も「武士たる者は、武勇に大高慢をなし、死狂ひの覚悟が肝要なり。（後略）」（聞書第一－三九）と言っている。武勇では自信過剰で大言壮語を吐くくらいでよい。

ただし、死に物狂いの覚悟を持てと言っている。

普段広言を吐きながら、その場になったらしり込みしたり、一歩を踏み出すことができなくなるのは、そんな場面など来ないだろうという油断があるからだ。まったく覚悟も何もない。また、自分の言葉に対する責任も持っていない。

こういう「有言不実行」の人は、つまり人として未熟なのである。人として未熟なうちはリーダーになれないのは当然だろう。

有言実行のＣＥＯ

私のかつての上司であるジョンソン・エンド・ジョンソンのＣＥＯジェームズ・バーク氏は、日頃から企業理念「我が信条〝Our Credo〟」を大切にしていて、理念に書いてあることを実行するのが企業活動であると言っていた。

このジェームズ・バーク氏の有言実行ぶりを如実に示したのが「タイレノール事件」である。１９８２年、アメリカシカゴ近郊でシアン化合物によって死亡した人が続出、調査の結果、死亡者は直前にタイレノールを服用していたことが判明した。証拠品を押収したシカゴ警察は何者かがタイレノールに毒物を混入した事件と判断。その後、全米に模倣犯が現れ、事件はＦＢＩの管轄となる。

タイレノールとは、アメリカで最もポピュラーな鎮痛解熱薬で、ほとんどの家庭に常備されている身近な薬品である。製造元はジョンソン・エンド・ジョンソンの子である会社マクニール社だが、みんな親会社のジョンソン・エンド・ジョンソンの製品と思っていた。

時の親会社のＣＥＯであったジェームズ・バーク氏は、直ちにタイレノールの全品回収、ならびに全米の市民にタイレノールの服用を止(や)めるよう告知することを決断し指示した。

「葉隠的」アメリカ人

全品回収だけでも一億ドル以上の経費がかかる。しかも全米に服用禁止の広告を打つとなれば、さらに経費は膨大なものとなる。役員からは異論も出た。

しかし、このときバーク氏は普段と変わらぬ落ち着いた態度でこう言った。

「クレード（我が信条）に書いてある」

全米の市民に注意を呼びかけるため、バーク氏はテレビをはじめとするマスコミに出演し、タイレノールの全品回収への協力を訴えた。

タイレノールの全品回収には社員を総動員するだけではなく、ＯＢにも協力を要請した。同時に店頭でタイレノールに異物を混入できないよう、急ぎパッケージを改良した。

タイレノール事件は、今日でもリスクマネジメントの成功例として高く評価されている。

理念が大切と声高に主張し、大事件のとき、実際に寸分たがわずその通りに行動したジェームズ・バーク氏は、アメリカ人ながら「葉隠的人物」と私は思っている。

彼は「我が信条」を読み返しながら、あらゆる深刻な事態を想定し、そのときの覚悟を日々改めて胸の内に蓄え続けていたのであろう。

一〇、「人の意見を申し候時は、益に立たぬ事にても、かたじけなしと深く請け合ひ申すべきなり」

――異論異見を歓迎せよ

聞書第一―一五二

人の意見を申し候時は、益に立たぬ事にても、かたじけなしと深く請け合ひ申すべきなり。左様に仕(つかまつ)らず候へば、重ねて見つけ聞きつけたる事をも言はぬものなり。何卒心安く意見を言ひよき様に仕なして、人に言はするがよきなり。

【現代語訳】

人が意見を言ってくれているときは、それが役には立たない事であっても、ありがたいと感謝の意を示し、ていねいに承るべきである。そういう態度で聴かなければ、相手は二度と見つけた事や聞きつけた事を言ってくれなくなる。

何とか相手が気安く意見を言えるよう工夫をして、人に意見を言わせるのがよい。

人の意見を傾聴するから奨励するへ

人の話に耳を傾けることは、私自身が長年心がけていただけでなく、人にも積極的に勧めてきた対人関係の基本である。

私は相手がお客でも、上司でも、部下でも、一様に話を傾聴することにしている。肝心なことは「聞く」ではなく「聴く」ことでなければいけない。

ぼんやりと上の空で聞いていても、聞いているには違いないが、聴くは相手の話に深くうなずき、時折話の先を促し、強い関心を示しながら真剣に聴くということ、すなわち積極的傾聴である。話している人に、こちらが強い関心を持ち、考えを尊重して聴いていることが伝わって、はじめて「聴く」と言える。

それが自分の意に沿う話かどうか、役に立つ話かどうかは関係ない。

相手が率直に物を言える状況をつくることが大切なのだ。率直に話すということを英語では"Speak Out"という。腹蔵なく物が言えるということは、多様化、ダイバーシティの世の中では重要なことである。

多様化、ダイバーシティとは異なる価値観、考え方の交流である。異なる価値観や考え方がぶつかり合い化学反応を起こし、アウフヘーベン（止揚）するためには、双方の違いを理解することが必要となる。

異なった価値観、考え方が交流することで、そこに新しい価値の創造がある。そのためには何よりも相手の話を敬意を持って受け入れることだ。

つまり「益に立たぬ事にても、かたじけなしと深く請け合ひ申すべき」態度で臨むことが大切なのである。

不同意に同意せよ

相手の言う事が、必ずしも自分の意に沿うものとは限らない。中には意に沿わぬ異見を言われることもあるはずだ。しかし、相手の話を拒絶しては、相手は二度と意見も異見も言ってはくれなくなる。

だから相手の話を聴くときの基本姿勢は、積極的傾聴と共に〝Agree to Disagree〟が要る。〝Agree to Disagree〟は私の好きな英語の一つだ。意味は直訳すれば「不同意に同意する」である。私は「異見も意見」と意訳して言っている。

異見は、一皮むくと貴重な教訓であることが少なくない。鍋島藩のお隣、黒田藩では初代藩主黒田官兵衛以来、明治の廃藩置県まで毎月「異見会」が行われていた。異見会とは藩士が集まり、自由に藩政についての意見や異見を話す会である。

異見会のルールは、何を言っても誰も怒ってはならない、恨みに思ってもいけないというものだ。藩主といえども、耳の痛い事を言われても怒れないし、報復もできない。そうすることで、藩政が現実離れしたり、一部の人の身勝手にならないようにしたのである。

日本人にしゃべらせたら国際会議は成功

日本人は同調圧力に弱い。自由に話せと社長が言ったとしても、周りの様子と、とりわけそう言っている社長の本心を探り、なかなか話そうとしない。そこに忖度(そんたく)が発生するからだ。反面、周囲が話し出すと一斉に話しはじめる。

国際会議をネタにした「インド人を黙らせ、日本人にしゃべらせることができたらその会議は成功だ」というジョークがある。

私も社長時代に、社員の意見を積極的に聴こうと、チームごとにリーダーと社員に集まってもらい、月に一度、彼らの意見を聴く会を設けた。会は設けたものの、はじめのうちはなかなか発言が出てこない。私は社員が話しやすい軽い話題を振り、相手の話に強い関心を示しながら発言を促した。そして相手の話を聴いた後には、必ず「ありがとう。よく話してくれました」と一言を添えた。

話が進み、会社への苦言がでたときも、この一言だけは変えなかった。もし社長が「それは違う」と決めつければ、二度と社員は"Speak Out"しなくなるからだ。

葉隠はこうも言う。「聖君賢君と申すは、諫言を聞し召さるるばかりなり。その時御家中力を出し、何事がな申し上げ、何事がな御用に立つべしと思ふ故、御家治まるなり。（後略）」（聞書第一－一四八）

聖君、賢君といわれるような優れた君主は、諫言（かんげん）を積極的に聴き入れるばかりである。

家臣の諫言を積極的に聴き入れることで、家臣一同、力を発揮し、何らか申し上げよう、何らかお役に立とうと思うようになるから、家中はまとまるのである。

異見・意見は自分を磨く

「御家」を会社、部署、チームに変えても同じ事が言える。部下の士気はリーダーの聴き方一つで大きく変わるものである。

もう一つ聴く姿勢が効果を発揮することがある。自分自身を高めるためにも大いに有効なのだ。葉隠もこう言う。

「（前段略）年三十も越したる者は、教訓する人もなし。教訓の道ふさがりて、我儘なる故、一生非を重ね、愚を増して、すたるなり。道を知れる人には、何卒馴れ近づきて教訓を受くべき事なり。」（聞書第一―一五四）

年齢が高くなり、地位も上がってくると、意見（教訓）してくれる人もだんだん少なくなる。意見や教訓を得る道がふさがれると、次第に増長し、我がままになってしまうため、間違いを重ね、愚かさが増して人としてダメになる。

だから道を知る人には、何とかして近づき親しくなるように努力をしなければならない。

葉隠の言う事は概ねこういうことだ。

道を知る人とは、英語では〝Mentor〟という。メンターとは人生の師である。メンターが三人いれば、その人の人生はバラ色になるという。

一人でも多くのメンターを得るには、この人と見込んだ人に、徹底して付いて行くことだ。はじめのうち少々冷たくされても、ちょっとやそっとで挫けてはいけない。

二一、「仕合せよき人には無音しても苦しからず」

——好調な人はほっといてもよい。リーダーは落ち込んでいる人に気を配るべき

聞書第一‐一九二

（前段略）又科人をわるく云ふは不義理のことなり。又仕合せよき人には無音しても苦しからず。落ちぶれたるものには随分不憫を加へ、何とぞ立たす様に致すべきこと侍の義理なりとこれあるなり。

【現代語訳】

また、罪を負った人を悪く言うのは不義理である。

また、よい巡り合わせに恵まれている人には、声をかけなくても不都合はない。不遇な状況にある人には、ねんごろに同情し、どうにかして身を立てられるよう手助けしてやることが、侍の義理であるとある人の覚書にあった。

人の不幸は気づかい自分の幸せには油断をするな

失意泰然、得意淡然というが、残念な境遇にあるとき人はなかなか泰然とはなれない。反対に、得意絶頂のときには我を忘れて浮かれてしまい、淡然という心境になれない。失意のとき表向き泰然としていても、やはり心は痛んでいる。

それがわかっているから、私は失意にある人に対しては殊に気を使う。逆に得意絶頂の人のことはほとんど気にかけない。

冠婚葬祭でいえば、婚はほとんど気にしたことがない。相手にもよるが、スルーしてもよいとさえ思っている。

しかし葬に関しては神経と時間を使う。特に葬儀には可能な限り、多少無理をしてでも参列するようにしているし、どうしても参列できないときには、お花を贈る、弔電を送る、後日に弔問に訪れるようにしている。

落ち込んでいる人に対する気づかい、心づかいを疎かにしてはならない。特にリーダーであれば、この点に気を付けないといけない。葉隠にもこうある。

「物頭などは、組衆に親切にあるべき事なり。中野数馬利明大役にて、暇これなく候に付て、終に組衆の所へ参り候事これなく候。然れども組衆病気か、何事かこれある時は、御城より帰りに、見舞ひ申し候。それ故、組中思ひ付き候なり。」（聞書第一―一八七）

物頭（リーダー）などは配下の者に親切であるべきだ。中野数馬はお城でも要職にあったので、配下の者が集う役所にはついに行くことができなかった。しかし、配下の者の誰かが病気になったり、何かの事情で難儀をしているときには、必ずお城からの帰りに見舞いに立ち寄っていた。だから配下の者に慕われ、信頼されていたのである。

どんなに忙しくても、不遇な状況に部下があれば、必ず見舞い相談に乗ってやる。これはリーダーとしての基本でもある。

勝ち馬に乗るより負けた馬に寄り添え

葉隠には「（前段略）日頃は心安く寄り合ひ、病気又は難儀の時大方にする者は腰ぬけなり。すべて人の不仕合せ時別けて立ち入り、見舞・附届仕るべきなり。（後略）」（聞書第一－九四）という一文がある。

日頃は心安く付き合っていたにもかかわらず、相手が病気、または困った境遇に陥ったときには付き合いを避けるような者は腰抜けである。人が不幸せな境遇にあるときには、特別に寄り添って、見舞いや贈り物をするべきである。

武士とはそういうものだと葉隠は言うのだ。同感である。

私が助けられたケースもある。ジョンソン・エンド・ジョンソンの社長を退任して二十年後、前述した日本サラ・リーの社長を解任された。このとき二十年ぶりにジョンソン・エンド・ジョンソン時代の部下が訪ねて来てくれた。失意にあるだろう私を励ましに来てくれたのだ。このときは本当にうれしかった。

勝ち馬に乗るばかりが人生ではない。失意にある人に寄り添うことも、人生を美しく彩る。私を励ましに来てくれたかつての部下の姿を見てそう思った。

見舞いに行くときの心得

葉隠には「人の難に逢うたる折、見舞に行きて一言が大事の物なり。その人の胸中が知るるものなり。兎角武士は、しほたれ草臥れたるは疵なり。勇み進みて、物に勝ち浮ぶ心にてなければ、用に立たざるなり。人をも引き立つる事これあるなり。」(聞書第一-七三)と、見舞いに行くときの心得についても記されている。

人が災難に遭ったときに見舞いに行ったら、かける一言が大事である。その一言に、見舞った人物の中身が表れるからだ。とにかく武士は、しょげていたり、落ち込んでいてはいけない。常に勇躍前進する姿勢でいなければ、役に立たないからである。そういう前向きで積極的な姿勢が、見舞われた人をも勇気づけることになるのだ。

見舞いに行った人間が暗く元気がないようでは、見舞われたほうも滅入ってしまう。見舞いに行く者は、相手を勇気づけ、元気にするエネルギーを与える心構えでなければいけない。人の心は相手に伝わり、化学反応を起こすからだ。

私もジョンソン・エンド・ジョンソン時代の部下が訪ねてくれたとき、彼がいまも元気でビジネスの第一線に立ち、理想に燃え、人生の目的に向かって進んでいることを知り、大いにインスパイアされたものだ。

「不慮の事出来て動転する人に、笑止なる事などといへば、尚々気ふさがりて物の理も見えざるなり。左様の時、何もなげに、却つてよき仕合せなどと云ひて、気を奪ふ位あり。（後略）」（聞書第二－五六）

思わぬ事態に気が動転している人に、お気の毒などと言うとますますふさぎ込んでしまう。こういうときには軽く「むしろよかったですよ」と、気をそらせるという手もある。それで相手の気持ちを軽くするという葉隠的な慰め方だ。

人を悪く言ってはいけない

「また科人（とがにん）をわるくいふは不義理のことなり」と葉隠は言う。その科人（罪を犯した人）が友人、知人であれば罪を犯す前に諭し、行いを正すことが人の道である。勝ち馬に乗れ、落ちた犬は叩けばかりでは、人として納得できる人生は送れない。

また罪を犯したわけではないのに、倒産経営者や、失敗し会社に迷惑をかけた人をあたかも罪人のように見る風潮がある。その点についても葉隠はこう糺す。

「盛衰を以て、人の善悪は沙汰されぬ事なり。盛衰は天然の事なり。善悪は人の道なり。（後略）」（聞書第一－九五）

勢いが盛んか、衰えたかで、その人が善か悪かと言うことはできない。栄枯盛衰は現象であり、善悪は人の行いである。落ちぶれたからといって、必ずしもその人が行いの悪い人であるとは限らない。

勝者や強者には媚びて、負け犬には罵詈雑言（ばりぞうごん）を浴びせるようでは、人としてあまりにも軽薄で未熟と言わざるを得ない。

一二、「結構者はすり下り候」

――好人物というだけでは管理者止まり

聞書第一－一一

結構者はすり下り候。強みにてなければならぬものなり。

【現代語訳】

好人物というだけでは人に遅れをとる。ひとかどの人物になるためには、人がよいだけでなく、強さも合わせ持っていなければならないものなのだ。

人がよい人から人柄のよい人へ進化せよ

「人がよい」人と「よい人」は違う。人がよいとは、いわゆるお人よしである。リーダーはよい人であることは必要だが、お人よしでは困る。お人よしでは人にダマされる。悪い人のカモにされてしまうからだ。

お人よしは葉隠流に言えば、好人物ではあっても覚悟の足りない人である。よい人は一見お人よしでも内にスキのない、よい意味での計算高さも備えている。

人柄がよく、仕事もできるのがよい人であり、よいリーダーである。

リーダーに求められる人柄とは、英語で言う"Integrity"だろう。日本語では「真摯さ」と訳される。ある総合商社の元社長は「清く正しく美しいこと」だと言っていた。正しい道を正しく歩くのがインテグリティである。

「人がよい」リーダーは部下から慕われる。慕われることはリーダーに必要な条件ではあるが、人がよいだけのリーダーでは、部下としては当てにできないところがある。当てにできないリーダーの後ろを安心してついて行く部下は多くないはずだ。

当てにならないリーダーを戴く部下は、イザというときには、その上のリーダーを頼ることになる。係長が当てにならなければ課長に、課長が頼りにならなければ部長を当てにする。その結果、当てにならないリーダーは上には昇れず、結局「すり下がる」こととなるのだ。

好人物であることは大切だが、好人物というだけでは決定的に足りない。

好人物こそ自分をインスパイアせよ

好人物には出世欲や金銭欲の薄い人が多い。しかし欲がないというのは、実は結果を出せない言い訳にしている可能性もある。名利を求めないが、それは捨て身になっているのではなく、単に自分の未来をあきらめているのだ。

こういう人は、概ね現状でよいと考えているものだが、現状維持に安住すれば後退するだけだ。何の意欲も努力もなしに、維持できる現状などこの世にはない。「すり下がる」だけである。こういう状況を変えるには、自分で自分をインスパイアすることが大切だ。概して後ろ向きの気持ちの人は、後ろ向きの言葉が出る。

葉隠にも「（前段略）就中物言ひに不吟味なれば、『我は臆病なり、その時は逃げ申すべし、おそろしき、痛い。』などといふことあり。ざれにも、たはぶれにも、寝言にも、たは言にも、いふまじき詞なり。（後略）」（聞書第一－一一八）とある。

話しているとき気を付けていないと、つい「自分は臆病だ、そのときは逃げ出す、恐ろしい、痛い」などと後ろ向きな言葉が出てしまうことがある。軽口でも、冗談でも、寝言でも、ふざけてでも、こういう弱気な言葉を使ってはいけない。それが葉隠の警告である。

好人物は、ややもするとすり下がる危うさを持っている。身に覚えのある人はという戒めと共に、普段から自分を鼓舞するために、言葉遣いを点検し、後ろ向きな言葉を避け、前向きな言葉を選んで使うようにしてみることだ。

私も極力ネガティブな言葉を避け、ポジティブな言葉を使うようにしている。体験的に言っても、その効果は必ず表れる。陰転の発想を陽転の発想に切り替えることが、リーダーになるための原点である。

本物は必ず頭角を現す

「謂はれなく傍輩に席を越され、居肩さがりたる時、少しも心にかけず、奉公する人あり、又それを腑骸なきと云ひて愚意を申し、引取りなどするもあり、いかがと申し候へば、それは時により事によるべし。」（聞書第一―四〇）。

同僚に先を越されて出世され、自分が格下になったときに、まったく気にかけずそれまで通り淡々と職務を遂行する人がいる。一方それを自分のふがいなさだといって、辞意を表し引退する人もいる。どちらがよいかといえば、それは時と場合によって判断すべきだと葉隠は言う。さてどうであろうか。いわゆる好人物は前者のタイプである。

私の部下にもまったく出世欲のない男がいた。彼はお人よしの類だったので、面倒な仕事、困難な仕事を上司・同僚から押し付けられていた。

彼はそれを断ることなく、いつも遅くまで仕事をしていた。中には、とても困難という仕事もあったのだが、彼は引き受け、その困難な仕事を見事にやり遂げたのである。いくら地味で控えめな男でも、社長として注目せざるを得ない。

部下と家臣の四タイプ

袋の中の針は自ずから頭角を現すというが、出世欲、金銭欲の薄い人でも、針の尖端を鈍らせない人はやはり結果を出す。

私は部下を四つのタイプの人柄に分けて見ていた。

人が悪いのは四流。裏切るし、ウソを吐く。

人がよい（お人よし）は三流である。お人よしでは当てにならないし、仕事で人にダマされると会社も損害を被る。

人柄がよいだけの人では二流だ。人から信用され、慕われるが、それだけである。

一流とは人柄がよく仕事ができる人である。いわば徳と才のある人だ。

人柄がよくて、仕事ができれば、当てになるし、油断もしないから、安心して仕事を任せられる。

好人物に求めるのは、仕事の腕である。そのためには欲も必要だ。欲を持つことで、欲張りで自己中心的な人間の気持ちも少しわかるようになる。

純粋さ100パーセントの天使のような人間は美しいが、現実の世の中には悪魔というほどではないものの、邪な心の小悪党が大勢いる。彼らにダマされないためには、彼らの心中にも、ある程度通じておかなければならない。
それもまた人を知る修業である。

一三、「智慧ある人は、実も不実も智慧にて仕組み、理をつけて仕通ると思ふものなり」

——MBA取得者はアシスタントになれてもリーダーになれない

聞書第二－一〇六

智慧ある人は、実も不実も智慧にて仕組み、理をつけて仕通ると思ふものなり。智慧の害になるところなり。何事も実にてなければ、のうぢなきものなりと。

【現代語訳】

知恵のある人は、誠実なことも不誠実なことも、知恵によって仕組めば理屈は付けられるので、それで何でも通用すると思っているものだ。何事も誠実でなければ意味がない。その知恵が、生かされることもないのだ。

理屈にダマされるな、原理原則で判断せよ

人を動かすときの有名な言葉に「人は論理によって説得され感情によって動く」がある。六十五歳で「ケンタッキーフライドチキン」を創業したカーネル・サンダースの言葉と言われている。人間の心理と真理を突いている言葉だ。

問題は、「論理」に筋が通っているか、「感情」がまっすぐで歪んでいないかにある。日本では俗に、「理屈と膏薬はどこにでも付く」という。卑近なたとえではあるが、これも一面の事実を示している。理屈には牽強付会なものもある。いわゆるこじつけだ。こじつけの理屈はへ理屈とも言う。だが、へ理屈も理屈のうちである。

いまは間違いとわかってはいるが、アメリカの電力供給会社エンロン、投資会社のLTCM、同じくリーマン・ブラザーズ、日本ではジャパンライフにも、大勢の人を

魅了する理屈があった。

これらはいずれも倒産した会社だが、現存していたとき、彼らの理屈に疑問を投げかけた人がどれだけいただろうか。とりわけＬＴＣＭの理屈は、ノーベル経済学賞受賞者の唱えた理屈である。何となく変だなと思っても、なかなか口に出す勇気を持てない。

会社ではないが、カルロス・ゴーンが瀕死の日産を立て直したとき、コストカットの手腕のみならず、彼は経営者として全人格的に称賛された。彼の言う理屈には多くの人が賛同した。有名な経済人、学者、ジャーナリストもそうだ。

だが、日産時代の前半のカルロス・ゴーンを名経営者と称える人はあまたいるだろうが、後半のゴーンを認める人は何人いるだろうか。

よい知恵と浅ましい知恵

こうした会社の経営者は、（前半の）カルロス・ゴーンを含め、知恵も知識もある人たちであろう。それはゴーンを称賛した人たちも同様である。彼らの巧みなところは、称賛するときも、実態がばれて称賛を撤回するときも知恵が回るところだ。

実も不実も知恵によってそれらしく語り、理屈を付けて済ませてしまうのである。賢いだけの人の危ういところだ。なまじ知恵があるだけに、本来不実であることを実であるように理屈を付けてしまう。

知恵にも、よい知恵、深い知恵、浅ましい知恵といくつかの種類があるのだ。

そういう点では、自分の利益のために知恵を絞って大勢の人から金を集める邪な経営者より、もっとたちが悪いのが彼らの行動に理屈を付けて称賛する経済評論家、ジャーナリストであろう。

「我が智慧一分の智慧ばかりにて万事をなす故、私となり天道に背き、悪事となるなり。脇より見たる所、きたなく、手よわく、せまく、はたらかざるなり。（後略）」（聞書第一－五）と葉隠にある。

人の知恵などわずかなものにすぎない。にもかかわらず、それが万事に通用すると思い上がっているから、天の道にも人の道にも背き、悪事となるのだ。傍から見れば、汚く、脆く、視野が狭いので、本物の知恵としての働きなどできない。

知恵が存分にはたらくステージは「世のため人のため」という大義のあるときである。

経営学に教科書はあるが経営にはない

へ理屈で金を集めた人、へ理屈に加担したメディア等、彼らに一様に欠落しているのが、葉隠のいう「道」であり、私が主張する、人としての原理原則である。

なぜ彼らは間違えたのだろうか。それは経済学、経営学と経営が同じではないことをわかっていないからだ。こうした傾向はMBA取得者によく見られる。

経済学、経営学には教科書がある。しかし経営には原理原則はあるが教科書はない。現場で体験して、汗を流しながら自ら身に付けるしかないのが経営だ。経営学は教えられるが、経営は教えられない。本人が現場から学びとるしかないのが経営である。

論理だけでは説明しきれないのは、経営とはピーター・ドラッカーの言うように「人を通じて成果を出すわざ」だからである。人を通じて成果を出すには、人を深く知らなければならない。人間学こそ経営の根本だが、論理では説明できない最たるものが人間学だ。人間そのものが矛盾を含んだ動物だからである。

MBA取得者はロジック、学説、分析や統計手法には精通している。知識はある。知識は力の源泉だから、彼らは一定の役には立つし、弁も立つ。しかし人の心には通じていないことが多い。あまりにも多い。

人が喜んで動くように働きかけるのがリーダーだから、人の心に通じていないようでは、経営者にはなれない。知識だけでは課長止まりである。上から下りてきた案件を、何とか理屈を付けて形にするから、課長としては有能と言える。

しかし事業部長職には就かせられない。それが私の社長時代に、何人も見てきたＭＢＡ取得者の評価である。ＭＢＡも、資格としてのＭＢＡを持っているだけではダメなのだ。もう一段上らないと本当の一流にはなれない。

芸を磨くより心を磨け

ＭＢＡの力の源泉は知識だ。知識はスキルであり、昔の言い方では芸である。侍にとって大事な芸といえば、もちろん武芸だ。しかし、葉隠は芸を磨くことに批判的である。肝心なことは芸ではないからである。

葉隠には「芸は身を助くると云ふは、他方の侍の事なり。御当家の侍は、芸は身を亡ぼすなり。何にても一芸これある者は芸者なり、侍にあらず。何某は侍なりといはるる様に心懸くべき事なり。（後略）」（聞書第一－八八）とある。

芸事に秀でても、それでは芸者であって侍ではない。侍の本分は奉公なのだから、奉公の役に立つ程度の芸であればそれで十分だというのだ。何のための芸なのかを考えよというのが葉隠である。ＭＢＡも、それだけではＭＢＡ芸者にすぎないのだ。また別の項には「学問はよき事なれども、多分失出来るものなり。（後略）」（聞書第一―七二）ともある。学問だけでは落ち度があるというのだ。

学問をして自分の足らざるところに気づけばよいが、大体の者はそうではなく学問のあることに思い上がり、単なる理屈好きになる。

それでは意味がない。本末転倒だというのだ。

一四、「見かけ利発に見え候者は、よき事をしても目に立たず」
――見た目がちょっと残念な人のほうが実は有利になることがある

聞書第一一－九六

見かけ利発に見え候者は、よき事をしても目に立たず。人並(なみ)の事しては不足の様に諸人存じ候。打ち見たる所柔和なる者は、すこし振よき事候へば、諸人褒美仕(つかまつ)り候事。

【現代語訳】

見かけが優れ、聡明に見える者は、少しくらいよいことをしたとしても目立たない。人並みの成果では、周囲の期待が大きかっただけに、物足りないように皆が思ってしまう。

反対に見かけが劣り、弱げに見える者が、わずかでもよい振る舞いをすれば、期待値の低かった分、人々は誉めそやすものである。

人は見かけが九割……ではない

人は見た目、見た目のよい人はどんなときにも得をする。多くの人が、こう考えているだろう。たしかに見た目のよい人は、それだけで人から信用されそうな気がする。しかし、現実は意外にそうでもない。

あるハウスメーカーの元営業部長からこういう話を聞いたことがある。住宅の営業は、会社の名前よりも担当の営業社員の信用が成約に大きく影響する。

CMをたくさん打っている有名企業の営業は、たしかに入り口では有利だが受注の契約は会社の名前だけでは決め手とならないそうだ。依然として、営業担当者の腕が物を言う業界なのである。

その営業社員の中でトップセールスは、どの支店・営業所をとっても、少し風采の上がらないタイプばかりだという。社交的ですらないそうだ。

服装に一分の隙もないような、きまった格好の、いかにもできそうな人の営業成績は概して平凡なものである。

その理由を元営業部長はこう言う。見た目のよい、いかにもできそうな営業社員は、お客さまと初対面のときに、お客さまから信頼され期待される。風采の上がらない営業社員は、最初お客さまはちょっと不安を覚える。

感動は結果が期待を超えたときに起こる

それぞれの営業社員は、一回目にお客さまから出た要望や質問に対する資料を整え、再度訪問する。このとき見た目のよい、できそうな営業社員の資料と、見た目は風采の上がらない社員の作った資料が同じとしよう。ごく当たり前の一般的な資料である。

両者のお客さまは同じ資料を手にする。ところが、ここで両者のお客さまの反応に違いが出てくる。見た目のよい、できそうな営業社員が、ごく当たり前の資料を持ってくると、お客さまは「ごく当たり前の資料しか持ってこなかった」と思う。

一方、風采の上がらない営業社員がごく当たり前の資料を持っていくと、「ちゃんとした仕事ができるんだ」と考える。ここで風采の上がらない営業社員のほうが、一歩リードすることになる。

見た目のよい社員は、見た目のよさゆえに初対面でお客さまの期待値が上がる。期待値の上がることはよいが、期待値の高いお客さまは結果に対しても厳しくなる。期待値の高いお客さまには、持っていく資料の質も通常より高くなければいけないのだ。

一方、風采の上がらない営業社員のお客さまは、初めの段階の期待値は低いので、資料が普通のレベルであっても高評価となる。見た目のよい社員は、結果が期待を上回らなかったが、風采の上がらない営業社員のほうは期待を超える結果だったのである。

結果が期待を上回ると、顧客は満足を超え感動する。二回目の面談で感動があれば、このアドバンテージは大きい。だから、風采の上がらない営業社員のほうが有利なのであるというのが、元営業部長の解説であった。

出来過ぎは人がついてこない

元営業部長の教えてくれた事例は、ほぼ葉隠の「見かけ利発に見え候者は、よき事をしても目に立たず。人並の事しては不足の様に諸人存じ候。打ち見たる所柔和なる者は、すこし振よき事候へば、諸人褒美仕り候事」に一致するのではないかと思う。

若いうちの人の見かけは持って生まれたものだが、持って生まれた天分にも使い方がある。葉隠には「何某は、第一顔の皮厚く、器量ありて、利発者にて、御用に立つ所もあり。この前、『その方は利発は残らず外へ出て、奥深き所なし。ちと鈍になりて、十の物三つ四つ内に残す事は成るまじきや。』と申し候へば、『それは成り申さず。』と申し候。（中略）智慧・利発ほどきたなきものなし。先づ諸人請け取らず、帯紐解いて入魂されぬものなり。（後略）」（聞書第一－九七）ともある。

ある人は押し出しがきいて、懐も深く、頭もいいから役に立つところもある。しかし、この前、「君は賢さが全部外に出ている。十のうち三つか四つは内に残しておくことはできないか」と言ったところ「それはできません」と答えた。

頭のよさを押し出すことほど、きたなく見えるものはない。そういう人間など誰も胸襟を開いて受け入れてはくれないものだと葉隠は言う。

仕事はチームでやるものだ、チームにうち解けることのできない者では、仕事に取り組むチャンスさえない。見た目のよい人は用心するべきである。

葉隠も言っている人の四段階

私は賢そうで賢い（カシコ・カシコ）人間は、上中下でいえば中と思っている。賢そうであほう（カシコ・アホウ）は下である。アホウ・アホウは下の下だ。うわべはアホウに見えて実は賢い（アホウ・カシコ）が上の部類に入る。

日露戦争のとき総司令官大山巌が戦地で砲弾の音を聞き、「どこかで戦（ゆっさ）がごわすか」と言った有名な逸話がある。後年大山巌本人が、あれは部下が自由にやれるようにあえてアホウにふるまったのだと言っている。

大山のこの一言で、参謀室の膠着した空気は一気に和んだという。

私は三つに分けたが、葉隠は家臣を四つのタイプに分けている。

「勝茂公兼々御意なされ候には、奉公人は四通りあるものなり。急だらり、だらり急、急々、だらりだらりなり。（後略）」（聞書第四－五〇）

鍋島勝茂公は家臣には四タイプあると言っていた。急だらり、だらり急、急々、だらりだらりである。急だらりとは指示を受けたときの返事はよいが、実行の段になると進まないタイプで、このタイプが多かったようだ。

だらり急とは指示を受けたときは不得要領に見えても、実際の仕事は手際よくやる。できる奴である。急々とは指示を受けたときも理解が早く、仕事の手際もよい一流のタイプだが、そうそういるものではないのは昔もいまも同じだったらしい。

だらりだらりが最悪なのは言うまでもない。いまも昔もこうした四流の部下は、そう少なくはない割合でいたということであろう。

一五、「物識りの道に疎き事は、東に行く筈の者が西へ行くがごとくにて候」

――知識のある人ほど理念を軽視して道を誤りやすい

聞書第一－四七

（前段略）江南申され候は、「物識りの道に疎き事は、東に行く筈（はず）の者が西へ行くがごとくにて候。物を知るほど道には遠ざかり候。その仔細は、古の聖賢の言行を書物にて見覚え、咄（はなし）にて聞き覚え、見解高くなり、はや我が身も聖賢の様に思ひて、平人は虫の様に見なすなり。これ道に疎き所にて候。道と云ふは、我が非を知る事なり。念々に非を知つて一生打ち置かざるを道と云ふなり。聖の字をヒジリと訓むは、非を知り給（たも）ふ故にて候。仏は知非便捨の四字を以て我が道を成就すると説き給（たも）ふなり。心に心を付けて見れば、一日の間に悪心の起ること数限りなく候。我はよしと思ふ事はならぬ筈なり。」

（後段略）

【現代語訳】

江南和尚が言うには「物知りが道（原理原則）に疎いことは、あたかも東に行くはずの者が西へ行くようなものである。

物を知るほど道からは遠ざかってしまう。詳しく言えば、物知りは過去の聖人賢者の言行を書物を読んで覚え、話に聞いて覚えて知識が上がり、もはや我が身も聖人賢者のようになったと思い込み、普通の人を虫けらのように見下す。これこそ道に疎いという所以（ゆえん）である。

道というのは自分の非を知ることである。

よくよく考えぬき、己の非を知り、一生その努力のやむことがないのを道と言うのだ。聖という字をヒジリと読むのは、非を知っておられるからである。

仏は知非便捨の四字をもって我が道を成就するとお説きになった。心をよくよく気を付けて見れば、一日のうちに悪心が起こることは数限りない。自分は大丈夫だと思うことはできないはずである」

知識なき者は非力、道なき知識は無意味

知識は力の源泉だが、知識は正しい目的のために使われることではじめて意味を持つ。

企業経営で言えば、理念や理想の実現である。そのために目標を立て、目標を達成するために何をどうするか。知識はここに力を発揮せねばならない。

それゆえ経営者・リーダーは、企業は何のためにあるのか、我々はどこに向かっているかを示す責任がある。行き先を示したら、いまいる場所はどこなのか、ゴールにたどり着くためには、いつまでにどこへ行くべきなのかを示して、みんなを導いていかなければならない。

知識は、正しい目的に向かったときに初めて力を発揮する。知識に力を与えるのもリーダーの役目なのだ。目的を見失った知識では、知識として意味を持たない。

どこに向かうかを示すとは、方向性を示すことである。

方向性とはこういう式で表せる。方向性＝理念＋目標＋戦略である。理念とは、言うまでもなく理想であり、夢である。企業のあらまほしき姿でもあり、目指すゴールでもある。目標とは理念を実現するために通過しなければならない工程であり、大き

な道すじである。戦略とは目標を達成するために何を行うかということだ。戦略（何をやる）の下流には、戦術（どうやる）がある。理念・目標・戦略、この三つの合計によって企業には方向性が生まれる。

方向性を社員に伝え、正しく導くのが経営者・リーダーの役割のいの一番である。

東へ行くはずの企業が西へ行く理由

企業は言葉遊びで言えば、方向（ホーコー）を失うと彷徨（ホーコー）する。企業が迷走するときほど物知りが、したり顔で活発に動き出す。そのため、企業はあらぬ方向へ進んでしまうのだ。その結果は多くの場合、倒産か身売りということになる。なぜそういうことが起こるのか。

企業は潰れてはならない。企業が潰れると多くのステークホルダー（関係当事者）に迷惑をかけるからだ。だから経営者にとって、最大の責任は会社を倒産させないことだ。

企業が潰れる最大の原因はキャッシュフローが尽きることだ。だから企業は短期の利益に固執するのだ。規模の小さな企業は資金繰りのために、上場企業は株価のために、それぞれ短期の利益を上げようと社員の尻を叩く。企業がこういう状態になると、利益は何のためかという原理原則が見えなくなり、利益が企業活動の目的と考えはじめる。こういうときに、企業内では多くの物知りが活発に動きはじめるのだ。

しかし目的を見失った企業は、ただ迷走を繰り返すだけだ。カネボウの多角化は知恵の結晶だったが、その結果はかつて日本を代表した輸出企業カネボウの解体である。こんな事例は枚挙にいとまがない。

短期利益だけを追う経営は、どこかで道を誤っている。迷走する経営はどこかで破綻する。本来利益とは、理念を実現するため、理想の企業をつくるための手段である。だから、手段である利益を適切に確保するには、正しい目的に向かって経営することが最善の策なのである。知識や理屈より優先すべきは理念なのだ。物事には順番というものがある。

自慢は内なる大敵、しかも手ごわい

短期の利益が重要なことは論を俟(ま)たない。しかし短期ばかりに傾いては目的を忘れる。短期利益と長期利益のバランスを忘れてはならない。

葉隠風に言えば、利益は戦のための兵糧である。戦に勝つには、今日の飯（短期利益）は無論大事だが、戦場にたどり着くまでの飯（長期利益）の準備も不可欠なのである。

新式に言えば「短期は損気」ということである。

物知りのよくないところは、なまじ知識があるために、目の前の問題を解決することばかりに集中して、本来の目的を忘れる、あるいは知ろうとしないことである。豊臣秀吉は「軍に法なし。敵に勝つを軍法とす」と言った。しかし知識のある者は、もっぱら自分の知識を優先するため、目的より方法を重視する。本末転倒である。

葉隠は物知りに厳しい。「少し理屈などを合点したる者は、やがて高慢して、一ふり者と云はれては悦び、我今の世間に合はぬ生れつきなどと云ひて、我が上あらじと思ふは、天罰あるべきなり。（後略）」（聞書第一－一二三）と、少しばかり理屈を知ったくらいで高慢になり人から感心されることをよろこび、いまの境遇（職場）では自分の力を発揮できないと言ったり、自分より優秀な者はいないなどと思うような奴には天罰が下ると言う。

役に立つ物知りになるには

企業はその理念、目的を果たすためにある。物知りの知識が、目的を果たすために役立つ知識でなければ、それは知識とは言えない。

役に立つ物知りになるためには、非を知ることが大事だと葉隠は言っている。自分の非を知るにはどうしたらよいのだろうか。葉隠はこうも言う。

「人に超越する所は、我が上を人にいはせて意見を聞くばかりなり。並の人は我が一分にて済ます故、一段越えたる所なし。人に談合する分が一段越えたる所なり。（後略）」（聞書第一 － 一三八）

人より優れた者になろうと思ったら、自分の普段の行いについて人に自由に言わせて、その批判を聴くに限る。並の人は、自分のわずかな知識だけですべてに対応しようとする。だが、それでは一段越えることはできない。自分を高めようと思ったら、自分の知識や考えに閉じこもることなく、知恵のある人に相談することが一段越える有効な方法である。

そこで人に相談せず、己の才能を恃（たの）み、自分だけで解決しようとすると「すこし眼見え候者は、我がたけを知り、非を知りたると思ふゆえ、なおなお自慢になるものなり。（後略）」（聞書第二－八八）、すなわち、すこしばかり物がわかってくると、自分の力量と自分の間違っているところ、足りないところも知っていると思うから、かえって自慢が増長するのだと言う。

知識のある者にとって耳の痛い指摘である。物知りこそ謙虚であるべきなのだ。

一六、「苦をこらへぬは皆あしき事なり」

――船長は血が出るほど唇をかむ。リーダーの最重要な資質は忍耐力

聞書第一―一八四

一鼎申され候は、「よき事をするとは何事ぞといふに、一口にいへば苦痛(いた)さこらゆる事なり。苦をこらへぬは皆あしき事なり。」と。

【現代語訳】

一鼎和尚が言うには「よいことをするというのは、いかなることなのかと問われたので、一口に言えば痛みをこらえることである。苦しいことをこらえないのは、すべて悪いことである」と答えたという。

自慢は抑え我慢を増やせ

日本の経営者、特に中小企業の経営者の中には権限移譲が得意でない人が多い。聞けば一様に「任せられる人材がいない。自分でやったほうが早い」と答える。

この答えには二つの間違いがある。一つは、人材はいる、いないかではなく、育てているか、いないかである。もう一つは任せなければ人材はできない。人材を得てから任せるのではなく、人材を育てるために任せるのだ。

権限移譲と人材は、ニワトリと卵はどちらが先かという論争の問題ではなく、まず任せることからスタートしなければならない。

企業を持続的に成長させる、持続させるためには後継者が必要だ。後継者を育てることは経営者にとっても、部門のリーダーにとっても、最も重要な仕事の一つである。

私がジョンソン・エンド・ジョンソン日本法人の社長に就任したときに、本社のCEOジェームズ・バーク氏から、社長は業績を上げるだけでは50点の評価、在任中にきちんと後継者を育て上げてプラス50点、合計100点になる、としっかり釘を刺された。

後継者を育てていなければ社長として落第ということである。

アメリカで一流と言われる企業の多くは、マネージャー以上の評価は業績が半分、人材育成が半分を占める。この点では、日本企業よりも人材育成の評価の比重が高い。

人を育てる最善の方法は難しい仕事を「任せ切る」ことだ。ところが日本企業のリーダーは任せることが上手ではない。任せるよりも自分でやったほうが楽だからである。

権限異常は楽で権限委譲は苦

自分のほうが仕事は早くて正確、だから安心して自分本来の仕事ができる。部下に任せたのでは、仕事の腕で劣るから、出来が気になって仕方がない、そのためかえって自分の仕事ができずに苦労が増すことになる。

それなら自分がやったほうがよい。しかし、それでは部下は育たないし、部下の意欲を阻喪させることにもなる。部下の仕事の遅さや失敗も覚悟の上で、任せ切るのが「権限委譲」ということである。

任せるためには、任せるほうにかなりの忍耐が強いられる。「苦をこらへぬは皆あしき事なり」は、経営者・リーダーにとって心に銘記しておくべき至言である。経営者・リーダーにとって、忍耐力が不可欠な資質の一つであることは間違いない。

権限委譲は自由放任とは違う。ただの放任では権限「異常」である。放任と任せるの違いは何か。放任が楽であるのに対し、任せるには苦をこらえるプロセスがある。イギリス海軍に「船長は血が出るほど唇を噛む」という言葉がある。これは若い士官の不慣れな仕事ぶりをじっと我慢して見ている船長の姿だ。経営者・リーダーは、これくらい我慢して部下の成長を見守るのが役目である。

葉隠には「武士たるものは、二十八枚の歯を悉く噛みをらねば物事埒明かず。」（聞書第四－二二）という壮絶な一節がある。しかし、この言葉は歯を噛み折るほど我慢せよではなく、折れるほど歯を食いしばって頑張れということのようだ。

我慢の足りない経営者のやること

忍耐、辛抱、我慢と日本語ではいうが、英語でいえば〝Patience〟プラス〝Perseverance〟であろう。〝Patience〟痛みや苦しみに耐えることだが表面的な事象であり、今ひとつ奥深さに欠ける。踏み出しそうになる気持ちを抑えるのは〝Perseverance〟（不屈の努力）を加えて表現したほうがよいように思う。

我慢の足りない経営者は権限移譲が下手なだけでなく、一度に二兎も三兎も追うという経営上の悪手を犯しがちである。

すべてを追えばすべてを失う。会社と屏風は広げすぎると倒れる。こういう格言を知っていても、我慢ができないから、ついやってしまうのだ。

こういう経営者は、甘言は喜んで聞くが、諫言を聞けない。苦言・諫言のような耳の痛いことを我慢して聴くということができないのだ。

葉隠には「直茂公の仰せに、『我が気に入らぬ事が我がためになるものなり。』と仰せられ候由。（後略）」（聞書第三－四一）とある。封建君主でさえ気に入らぬ諫言・苦言を「我がため」と我慢して聞いていたのである。

現代の経営者・リーダーは自ら省みるべきであろう。

次に我慢の足りない経営者は、会社を質よりも規模で見がちだ。規模の大きな会社がよい会社と思い込み、規模の拡大ばかりに関心を注ぎ、内部の充実を疎かにしてしまう。企業は Big の前に Good でなければならない。

規模ばかり大きければよいのであれば、世界で最も優れた企業は、かつての中国の人民公社ということになる。

我慢と自慢は一字違いで大違い

経営者がこうした隘路（あいろ）に陥る原因は、葉隠が何度も戒めている「自慢」があるからだ。自慢とは現代の言葉では「過信・慢心・傲慢」に相当するだろう。苦を我慢することは経営者にとって大切だが、気持ちのよさを誘う「自慢」はご法度である。

経営者の耐えるべき苦しみはたくさんある。

孤独、顧客・社員・社会・株主に対する重い責任、明日の見えない不安、望まぬ変化、それに苦言・諫言を我慢して聞くこと、甘い誘惑に耐えることも苦痛だ。

先に例に挙げた大山巌大将も、日露戦争の現地司令官として赴任し、アホウを装って部下に任せ切っていたときも、心中は口から飛び出しそうになる言葉を抑えるため、胃に穴が開くほどじっと我慢していた。

大山巌の部下といえば、日本軍きっての名参謀児玉源太郎である。

児玉源太郎ほどの優秀な部下であっても、司令官としては口を出したくなるのだ。

しかしそれをぐっと堪えたところに、日露戦争に日本が勝利した遠因があったのかもしれない。

第3章

葉隠に学ぶ人を動かす気配りと知恵

一七、「一度誤りこれありたる者を御捨てなされ候ては、人は出来申すまじく候」

――最初の失敗は経験であり、二度の失敗は確認である、チャンスは三度与えよ

聞書第一 ― 五〇

何がし立身御僉議の時、この前酒狂仕り候事これあり、立身無用の由衆議一決の時、何某申され候は、「一度誤りこれありたる者を御捨てなされ候ては、人は出来申すまじく候。一度誤りたる者はその誤りを後悔いたす故、随分嗜み候て御用に立ち申し候。立身仰せ付けられ然るべき」由申され候。何がし申され候は、「その方御請合ひ候や。」と申され候。「成程某受に立ち申し候。」と申され候。その時何れも、「何を以て受に御立ち候や。」と申され候。「一度誤りたる者に候故請に立ち申し候。誤り一度もなきものはあぶなく候。」と申され候に付て、立身仰せ付けられ候由。

【現代語訳】

ある人物の昇進を詮議する会議のとき、彼はこの前、酒で失敗したことがあった。そのため昇進は見送りと衆議一決されそうになったとき、ある人が言ったのは「一度誤りのあった者をお捨てになっては人はできません。一度誤りのあった者は、その誤りを後悔していますから、よくよく慎むようになり、お役に立ちます。昇進を仰せ付けられて然るべきです」ということだった。

すると別の人が「あなたが請け合うのか」と言った。その人は「なるほど私が請け合います」と答えた。

そのとき、その場にいた人々が口をそろえて「いかなる理由で請け合われるのか」と言った。その人が「一度誤りのあった者だから、請け合うのです。誤りが一度もない人物は危ないものです」と言うので、詮議にかけられた人物は昇進を仰せ付けられたそうだ。

減点法で人は育てられない

人には三種類ある。失敗から学ぶ人と学ばない人、それに失敗するほどのことにはチャレンジしない人である。

最悪なのは三番目だ。失敗から学ばない人も失格だが、失敗の経験があれば、いつかはその価値に気づくときがあるかもしれないから期待は持てる。

会社を定年退職するとき、その送別会の席で、よく「入社して三十六年、お蔭様で大過なく勤め上げることができました」とあいさつする人がいる。オヤオヤ⁉ という気がする。大過なくとは、大過を犯すほどの仕事にチャレンジしなかったという告白でもある。大過なき人には大功もないのだ。

懺悔すべきことであれ、誇ることではない。

「私失敗しないので」というきめ台詞の人気ドラマがあるが、現実のビジネス人生では失敗のなかった人生はつまらないものである。葉隠的に言えば、失敗は「仕合わせ」であり、失敗から貴重な経験を学ぶことのできる絶好のチャンスといえる。

しかし、上司が部下の失敗を単なるマイナスと捉えるようでは、失敗が生きる組織とはならない。上司が失敗を咎めるだけの組織では、部下は萎縮し、大した人材には育たない。ただただ失敗しないための安全なことしかしなくなる。そんな上司の下では、組織は前例主義や事なかれ主義、先送り主義の蔓延した沈滞した組織に成り下がってしまう。

失敗から学ぶ人を育てるには、失敗を認める環境が必要なのだ。

みだりにクビにするのは無責任

私は、一度の失敗は経験と割り切って考えている。二度の失敗は確認である。三度同じ失敗をするのは愚か者だ。覚悟が足りないか、どこかに油断があるに違いない。

私は長いビジネス人生で何度も失敗し、そこから多くを学んだ。だからといって好んで失敗をしたことはない。人は本能的に、できるだけ失敗などしたくないものだ。失敗はしょせん失敗だからである。むしろ「失敗」という言葉を自分の辞書から削除して「挫折」に入れ換えた方がよい。失敗はコレッキリで取り返しがつかないが、挫折は一時的なもので、やり直しが利く。

組織には信賞必罰のルールがあるのだから、失敗すればそれ相応のペナルティはある。失敗がまったく問われない職場は、正しい職場とは言えない。

肝心なことは失敗しても、汚名を返上する機会を与えることである。失敗して会社に迷惑をかけたから、そんな社員はクビにしてしまえと短気を起こしてはいけない。

社員は入社した以上、会社に貢献する責任がある。一方、会社にも社員を採用した以上は、社員が会社に貢献できるよう、あらゆる機会を通じて教育しなければならない責任があるのだ。社員が十分な貢献ができないからと、一方的に解雇するのは、社員に対する教育の義務を放棄することで無責任極まりない。

こんな無責任な組織では人は絶対に育たない。人が育たなければ、会社は一世代で滅びてしまう。ここでも経営者には「血が出るほど唇を噛む」忍耐が求められるのだ。

スキルが足りないのであればトレーニングの機会を与え、マインドが落ちているようであれば、人事異動や部内の配置転換が有効なときもある。

私の部下で営業成績の振るわない社員がいた。私は思い切って彼を情報システム部に異動させた。するといままで顔色のさえなかった彼が、急に水を得た魚のようにイキイキと仕事をするようになったのである。

上司は失敗した社員を「請け合う」度量を持て

私は社長時代、失敗した社員には必ず時機を見て捲土重来（けんどじゅうらい）のチャンスを与えていた。チャンスを与えられた社員は、例外なくそれまで以上に全力を投入して仕事に取り組んだ。

葉隠にあるように、失敗した社員に再度チャンスを与えるには誰かが「請け合う」必要がある。

何かあったら私が責任を取るという覚悟が上司にないと、社員の失敗は成長のチャンスとなることなく終わってしまう。

すでにご本人が広く公開している話なので実名で記すが、元中国大使で伊藤忠商事の元会長である丹羽（にわ）宇一郎氏は、若い頃のニューヨーク駐在時代に大きな失敗をしたことがある。

食糧担当だった氏はアメリカで穀物を買い付けていた。ある年「ニューヨーク・タイムズ」に今年は穀物が不作という記事が載った。穀物市場が高騰すると考えた氏は、高騰する前にと盛んに穀物を先物買いで買い付けた。

ところがその年は、予想に反して大豊作となる。そのため穀物価格は大幅値下がりとなり、会社に大損害をかけてしまった。

これほどの大損害をかけては、もう辞めるしかないかと思いながら、氏は本社の上司に電話した。

電話に出た部長は「君は辞めるな。辞めるときはオレが辞める。君は現地で引き続き損害の回復に努めなさい」と檄（げき）を飛ばしたという。

失敗をチャンスにする組織が人をつくる

その後生産地では天候不順があって、穀物市場はやや値を戻し、会社の損害は小さくなった。その数年後、再び「ニューヨーク・タイムズ」に、今季は不作という予測記事が出る。先の失敗で教訓を得た丹羽氏は、かつて瀬島龍三氏から学んだ「情報はすべからく現地で確認せよ」を実行し、生産地へ飛んだ。

現地でレンタカーを借りて農地を回ってみると、作物は青々と茂っているし、農家の人の話を聞いても不作の兆候はないという。そこで氏は同業者が市場で買い付けに走る中を、彼らとは反対の行動に出た。

その結果、丹羽氏の読み通りその年の穀物は豊作となり、会社は莫大な利益を上げることになる。

一度の失敗から学んだ丹羽氏もすごいが、氏の失敗を「君は辞めるな。辞めるときはオレが辞める」と「請け合った」上司の度量も見事である。さらにそうしたことができる組織についても、さすがと言うしかない。

伊藤忠をV字回復させた経営者は、こうして出来上がったのである。

一八、「人相を見るは、大将の専要なり」
――採用は人柄で。スキルは訓練で。"Hire for character. Train for skill."
人柄は眼の光に表れる

聞書第一－一〇四

人相を見るは、大将の専要なり。正成湊川にて正行に相渡し候一巻の書には、眼ばかり書きたりと云（い）ひ伝へたり。人相に大秘事これあるなり。口伝。

【現代語訳】

人相を見るのは大将にとって重要な仕事である。楠木正成が湊川の戦いの折に、息子正行に手渡した書物一巻には眼ばかりが書かれていたと言い伝えられている。人相を見ることには、人を見抜く大変重要な秘事があるのだ。

リーダーは人を見る目を養うことが大切

第16代アメリカ大統領リンカーンは「四十歳を過ぎたら、自分の顔に責任を持たなければいけない」と言った。

四十歳も過ぎれば、人の顔にはその人の人生や考え方が表れるようになる。若いうちでも顔には、その人の気性や気骨が見えるものだ。

リンカーンが人相について言及したのは、副大統領を選任するときのことだ。副大統領候補の一人を人相が悪いと言って落としたのである。顔の良し悪しで人を選ぶのは酷であるという批判もあった。

冒頭の言葉は、リンカーンが批判に答えたときのものである。

人を動かすことが仕事の経営者やリーダーにとって、人相を見る目は不可欠である。

経営者の人を見る眼が試されるのは採用面接のときだ。

私はジョンソン・エンド・ジョンソンの社長時代、採用試験の成績と入社後十三年間の業績、昇進昇格の関連性を調べさせたことがある。

その結果、筆記試験の点数と入社後の業績、昇進昇格とは何の関連性も見いだせなかった。一方、面接試験の評価と、その後の業績、昇進昇格とは大いに関連性があるという事実が明らかになった。

筆記試験は、その人の現在の力を見る手段であるが、面接はその人の将来を見る試験である。大事なことは、現在よりも将来にある。入社後のことはすべて将来だからだ。

アメリカ航空業界の優良企業サウスウエスト航空には“Hire for character. Train for skill.”という有名な人事方針がある。日本語で言えば「採用は人柄で。スキルは訓練で」となる。採用の要諦とは人柄を見ることだ。では、人柄をどう見抜けばよいか。人を見る上で、核となるのが人相、振る舞いを見ることである。

顔に輝きはあるか、眼に光があるか

私が社長時代に、採用面接で特に注目したのは次の三点である。顔に輝きはあるか、眼に光があるか、声に張りがあるかだ。葉隠はどう言っているのだろうか。

「（前段略）引き嗜む所に威あり、調子静かなる所に威あり、詞寡き所に威あり、礼儀深き所に威あり、行儀重き所に威あり、奥歯噛して眼差尖なる所に威あり。これ皆、外に顕はれたる所なり。畢竟は気をぬかさず、正念なる所が基にて候となり。」（聞書第二－八九）

控えめなところに威がある、静かなところに威がある。ことば少ないところに威がある。礼儀正しいところに威がある。行儀のよいところに威がある。奥歯を噛んで眼差し鋭いところに威がある。これらはすべて外見である。究極のところは気を抜かず、正しい考えでいることが基本だと言う。

つまり、内に原理原則に基づいた動かざる信念を持って、浮ついた気持ちがなければ、自ずと外見は威風を伴った顔形になるということである。私の三つの注目点も同様である。

内面は顔つきや眼の光、声音に表れる。だから、そこを見て、その人物の性根や考え方を顔や態度に読み取っているのだ。

よすぎる顔も損をする

人相を見るといっても顔のよしあしを見ているわけではない。

若い人を面接するとき、いかにも出来のよさそうな顔をした人を見ることがある。実力があるから、前途洋々と自分でも信じていて、顔も自信に満ちている。それ自体は悪くない。だが、そこに危うさもあることを本人は気づいていない。

若い頃いかにも優秀そうな顔をしていたのは、葉隠の語り手山本常朝本人がそうである。そのため親戚一同から「利発なる面にて候間、やがて仕損じ申すべく候。殿様別けて御嫌ひなさるるが、利発めき候者にて候。」（聞書第一―一〇八）と言われたそうだ。

すなわち、いかにも賢そうな顔をしているので、やがて失敗するだろう。殿さまは特に利口ぶった者をお嫌いなさるからだと言われたのだ。

それで常朝は一年間家にこもり、鏡を見て自分の顔つきを直し、それからお城の勤めに上がったのだという。

何だか病人のような顔つきになってしまったそうだが、利口さを表に出すことを抑え、うやうやしく、苦みがあって、静かな雰囲気に変えたそうである。

人に好かれなくては仕事ができない

利口そうな顔が必ずしも得をしないことは前述の通りだが、「利口さ」は人に好かれないという危うさもある。仕事はチームでやるものだから、人に好かれないようでは仕事はできない。

葉隠もこう言う。

「（前段略）何某は利口者なるが、仕事の非が目にかかる生れつきなり。この位にては立ちかぬるものなり。世間は非だらけと、始めに思ひこまねば、多分顔つきが悪しくして、人が請け取らぬものなり。人が請け取らねば、いかやうのよき人にても本義にあらず。（後略）」（聞書第一－五六）

ある者は利口者だが、人の仕事の粗ばかり目につく性分である。利口といっても、人の粗探しばかりやっているうちは大したことはできない。

世の中は粗だらけでできていると、はじめから思い込んでいないと、多分顔つきが高慢で悪くなるから、人に受け入れられない。人が受け入れなければ、どんなに優秀な者であっても意味がないと言っている。

私はとにかく軽い笑顔（スマイル）を心がけた。

相手が誰であろうと、人を尊重し、共に成果を分かち合うチームメートと思えば、その想いは自然と顔に出る。

それが笑顔だからである。

一九、「その人の恥にならざる様にして、よき様にするこそ侍の仕事にて候」

——葉隠とは人の機微に通じた究極の「気配りの勧め」である

聞書第一 ‐ 二〇

御祝言御道具僉議の時分、何がし殿御申し候は、「琴三絃、その書付に相見えず候。これはなくては。」となり。何がし申され候は、「琴三絃無用に候。」と、あらあらかに申して差し留め候。これは、そと当りて申されたるなり。翌日申され候は、「御道具になくても事足らざる物なり。極上に二通づつと書きつけ候へ。」と申され候由咄し申す人あり。「さても気味のよき人かな。」と申し候へば、「いやいやそれがよからぬ所存なり。皆我が威勢立ての申し分なり。大かた他方者にある事なり。上たる人に対して先づ慮外なり。御為にもならぬ事なり。道を知る者ならば、たとへいらぬに極りたる物にても、御尤もに存じ奉り候。さりながら、それは追つて吟味仕るべしなどと申して、その人の恥にならざる様にして、よき様にするこそ侍の仕事にて候。

しかも入るべき物故、翌日は書き加へ申し候物を、当座に貴人に恥をかかせ、何の詮もなく、きたなく麁相の心入れにて候。」となり。

【現代語訳】

ご祝言の道具をご詮議しているとき、あるお方が「琴と三味線が書き付けに見当たりません。これらがなくては」と言った。

そのとき、別の人が「琴、三味線は不要である」と、声を張り上げて差し止めた。これは周りに聞こえるように言ったのである。翌日には「お道具にはなくてはならぬ物である。極上の物を二組ずつと書き付けなさい」と言ったそうだ。

「なんとも気持ちのよい人だ」と言うと、「いやいや、それがよくない心得だ。すべて自分の威勢を立てるための主張である。他国の人のやるようなことである。上位の人に対して、まず無礼である。相手のためになることでもない。

道を知る者ならば、たとえ無用であることがわかりきった物であろうとも、おっしゃることはごもっともと存じます、しかしながら、その件はまた追って検討いたしましょうなどと言って、その人の恥にならぬように配慮し、上手に話をまとめることが侍の仕事である。

しかも必要な物であるからと、翌日に書き加えさせているのに、その場で貴人に恥をかかせるとは、何の意味もないし、きたなく、浅はかな考えである」と言われた。

異見・諫言はとことん相手を思いやることが条件

意見を言うときには、どこか自己顕示欲がつきまとう。誰かの意見に反論するときも同様だ。相手を言い負かせると、そこに優越感を覚える。その気持ちのよさを求めて、盛んに意見を吹っかけてくる輩も少なくない。

そういう人は、自分のことが第一だから、相手に恥をかかせることを顧みず、ずけずけと物を言う。それで自分が偉くなったように思っているのかもしれない。しかし、相手に恥をかかせるような物言いをしなくても、意見を述べることはできる。

葉隠の言うように、明らかに相手の誤りであっても「それは追つて吟味仕るべし（それは追って話し合いましょう）」といったん引き取り、本人に気づく機会を与えることも方法である。正しい意見の主張は大事だが、言い方も含め正しくあるべきだ。

とかく才走った者は、自分の賢さをアピールしたがる。それがみんな役に立てばよいが、多くの場合、本人の満足のためにやっているように見える。葉隠の時代にも、そういう人物はいたようだ。こういう記述がある。

自己アピールで人に恥をかかせるのはきたない振る舞い

「（前段略）むかし御道中にて、脇寄り遊ばさるべくと仰せ出され候節、御年寄何某承り、『某一命を捨てて申し上ぐべく候。段々御延引の上に、脇寄りなど遊ばされ候事、以ての外然るべからず候。』と、諸人に向ひ、『御暇乞仕り候。』と詞を渡し、行水、白帷子下着にて御前へ罷り出でられ候が、追付退出、又諸人に向ひ、『拙者申し上げ候儀聞し召し分けられ本望至極、皆様へ二度御目に懸り候儀、不思議の仕合せ。』などと広言申され候。これ皆主人の非を顕はし、我が忠を揚げ、威勢を立つる仕事なり。（後略）」（聞書第一－一一一）

昔、殿さまが道中に寄り道をしたいとおっしゃられたとき、重役の誰かが「それがしの一命を捨てて申し上げます。道中に遅れが生じております。この上、寄り道などなさるのはもっての外、いけません」と苦言を呈した。

さらにお供の人々に向かって「自分は辞めさせていただく」と宣言し、白装束に着替えて殿さまの前に出て、しばらくして退出してきた。そのとき、またお供の人々に向かって「拙者の申し上げたことをご理解いただき、お聞き入れられたのは本望至極である。生きて皆様に再びお目にかかることができたのは不思議の幸せである」などと広言した。

これは主人の非を明らかにし、恥をかかせ、自分の忠義ぶりを見せつけ、評価を挙げようとする行為である。諫言を自己PRの道具にしてはいけないと葉隠は言うのだ。

こんなきたないやり方をする者は、きっと他国者に違いないと葉隠は断じている。

人に意見するときに気を付ける事

人を叱ったり、忠告したり、意見をしたりするときは、誰もが相手のためになると思ってやっている。ところが、その多くは相手のためと言いながら、実は自分の優越感を満足させるためであったり、虫の居所が悪いので、その憂さ晴らしでやっているのだ。

これは私のよく言っていることだが、実は葉隠も同じことを言っている。

「人に意見をして疵を直すと云ふは大切の事、大慈悲、御奉公の第一にて候。意見の仕様、大いに骨を折ることなり。人の上の善悪を見出すは安き事なり。それを意見するも安き事なり。大かたは、人のすかぬ云ひにくき事を云ふが親切の様に思ひ、それを請けねば力に及ばざる事と云ふなり。何の益にも立たず。人に恥をかかせ、悪口すると同じ事なり。我が胸はらしに云ふまでなり。」（聞書第一－一四）

人に意見をして欠点を直すのは大切なことで、大きな慈悲の心でもあり、それは奉公の第一と言える。ただし、意見するときは大いに骨を折らねばならない。

人の行いの善悪を見つけるのはたやすい。そこに意見をすることも難しいことではない。だからたいていの人は、人がやりたがらない言いにくいことを言うのは、親切であるかのように思い、聞き入れないのは自分の力が足りなかった、で終わらせてしまう。

それでは何の役にも立たない。相手の欠点を指摘して人に恥をかかせただけで、悪口するのと同じである。結局、自分の憂さ晴らしをしているだけだと言うのである。

こう言われて、心当たりのない人はあまりいないだろう。

相手に届いてこそアドバイス、届かなければ自己満足

私の作ったコミュニケーションの要諦の一つに、「自分が何を言ったかではなく、相手に何が伝わったかが重要である」というものがある。意見や忠告、アドバイスも相手が納得して、改善の行動を起こさなければ、意見、忠告、アドバイスにならない。後に残るのは、ただ言った側の自己満足だけである。

叱るときも同様だ。「相手が叱られる前よりも、やる気が高まる状態になる」ことが、叱るの条件である。この条件を満たさない叱りは、単なる叱る者の憂さ晴らしにすぎない。葉隠は続けてこう言っている。

「意見と云ふは、先づその人の請くるか請けぬかの気をよく見わけ、入魂になり、此方の言葉を兼々信仰ある様に仕なし候てより、好きの道などより引き入れ、云ひ様種々に工夫し、時節を考へ、或は文通、或は暇乞などの折か、我が身の上の悪事を申し出し、云はずしても思ひ当る様にか、先づよき処を褒め立て、気を引き立つ工夫を砕き、渇く時水呑む様に請け合せ、疵直るが意見なり。殊の外仕にくきものなり。（中略）然るに、恥をあたへては何しに直り申すべきや。」（聞書第一―一四）

意見するときは、どうすれば相手が受け入れるか、相手の気性をよく見分けて、よい人間関係を築き、こちらの言葉を信じてもらえるようにする。

その上で、趣味の話などからはじめて、言い方をいろいろ工夫し、タイミングを計り、手紙か、あるいは帰り際などのときに、自分の失敗談を明かし、直接指摘しなくても相手にそうとわかるようにするか、または、まず相手のよいところを褒めて、気をよくするよう心を砕き、渇くときに水を飲むように受け入れさせ、欠点を直すことが意見である。ことのほか難しいものなのだ。であるにもかかわらず、恥をかかせてどうして欠点が直るものか、ということである。ここまで手をかけるべきだと言う。

三つほめて一つ注意する

私は叱るではなく、注意するを心がけるべきと言っている。叱るは感情が入り過ぎるからだ。さらに注意する前には、相手のよい点を褒めよとも言っている。

葉隠にも「（前段略）誉め立て候へば、人の心も移り、自然と悪しき沙汰止むものなり。（後略）」（聞書第一―一一九）、とある。ほめることによって人の心は変わる。だから私は注意する前に、最低でも三つ褒める。三つ褒めて一つ注意である。

また、諫言のタイミングについて葉隠は「（前段略）又諫言は時を移さず申し上ぐべきことなり。今は御機嫌わるし、序になどと思うて居る内に計らず御誤もあるべきことなり。（後略）」（聞書第一―一九二）と言っている。諫言はすぐにやるべきで、いまは機嫌が悪いからとか、何かのついでにと機会を探っていたら、遅きに失することもあると言うのだ。

はじめの話と矛盾する気もするが、相手を傷つけない、自己満足で意見・諫言をしない、我が身大事で諫言を先送りしない、この三つが成り立てばよいのだ。そこには一本筋が通っている。

二〇、「大将は人に言葉をよくかけよ」

――リーダーはほめ上手がよい

聞書第一 – 一三一

義経軍歌に、「大将は人に言葉をよくかけよ。」とあり。組被官にても自然の時は申すに及ばず、平生にも、「さてもよく仕たり、爰(ここ)を一つ働き候へ、曲者かな。」と申し候時、身命を惜まぬものなり。兎角(とにかく)一言が大事のものなり。

【現代語訳】

義経の軍隊指揮について書かれた歌に「大将は人によく声をかけよ」とある。下級の部下であっても、緊急時は言うに及ばず、普段のときにも「実によく仕えてくれている。ここでもうひとつ頑張ってくれ。頼りになる男だ」と大将から声をかけられた時には、身命を惜しまずに働くものだ。

とにかく大将の一言が大事なのである。

トップのかける言葉は強い求心力となる

「ジャパネットたかた」の創業者、髙田明氏に招かれ同社にお邪魔したときのこと、社内を直々に案内していただいていると、すれ違う社員に髙田氏はマメに声をかけていた。「おつかれさま」「ご苦労さま」だけではなく、「お子さんの入学おめでとう」「仕事には慣れたかい」「いい商品を見つけたね」と異なる一言を一人ひとりに添えていた。

この社員に会ったら、これを言おうと常に準備しているのである。大変な記憶力と気配りにはホトホト感心した。社長から声をかけられ、奮い立たない社員はいない。

小さな褒め言葉でも、直属の上司からと社長からとでは、感激の度合いの次元が違ってくるものだ。

社長が積極的に社員に声をかけること、それも自然に声をかけることは、社員の意欲を上げるのみならず、社内の和をも高める。社内の和とは、チームワークの質を高める原動力の大事な要因の一つである。

一人ひとりが自分のことばかり考えるのではなく、チームに貢献することに意義を見いだすのはチームの和があってこそだ。

たかがあいさつ、されどあいさつ

社内で最初に交わす言葉はあいさつである。あいさつを疎かにしては、チームワークもチームの和もない。あいさつで大切なことは、「あいさつは上から順番に」である。毎日のあいさつは、いわば大将から兵隊にするのである。

そのほうが効果的だからだ。あいさつは目下・格下の者から、目上・格上の人に対してするのが当たり前という「常識」はあるが、こういう常識にとらわれている人は、往々にして下からあいさつしても無視する傾向がある。

これでは、部下の心をわざわざ離れるように仕向けているのと同じだ。

そういう人間に限って、部下のあいさつにはうるさい。あいさつは、こういう上司の歪んだ自意識を満足させるためにあるのではなく、チームの和とチーム力のためにある。

私が社外取締役を務める会社では、社長以下役員が早朝エレベーター前に立ち、出勤してくる社員に「おはようございます」とあいさつをしている。あいさつの重要さを知っているから、まず「隗(かい)より始めよ」である。

私自身の話をすれば、私は社員にあいさつするときには、どんな場合でも笑顔で、意識して声を張り、さらに「○○さん、おはよう」「○○君、元気かい」と社員の名前を呼びながらやっていた。そしてあいさつは朝だけでなく、朝「おはよう」とあいさつを交わした社員でも、顔を合わすたびに何度でもあいさつをしていた。

仲間同士声をかけ合うのは普遍の原理原則

葉隠もチームワークの悪さは、あいさつの悪さに表れると指摘している。

「諸人一和して、天道に任せて居れば心安きなり。一和せぬは、大義を調へても忠義にあらず。朋輩と仲悪しく、かりそめの出会ひにも顔出し悪しく、すね言のみ云ふは、胸量狭き愚痴より出づるなり。自然の時の事を思うて、心に叶はぬ事ありとも、出会ふ度毎に会釈よく、他事なく、幾度にても飽かぬ様に、心を付けて取り合ふべし。（後略）」（聞書第一－一六四）

これをすこし現代ビジネス風に言うと、みんなが一堂に和して、原理原則に従っていれば何も不安はない。だが、みんなが和して一つになっていなければ、いくらその仕事に大義があったとしても、会社のためになる結果は出ない。

仲間同士の仲が悪く、小さなミーティングでも出席率が悪く、文句ばかりを言っているのは、すべて狭量で愚かな考えからだ。

イザというときに結束できるよう、気に入らないことがあっても、顔を合わせたときには、気持ちよく会釈をして、余計なことには触れず、何度でも気を抜かず、普段から気をつけて、ていねいに接するべきであるということだ。

何度も言うが仕事はチームでやるものだ。チームでやる以上は、チームワークが重要であり、チームの和がそのための大事な要素である。いかに優秀な人であろうとも、チームに溶け込めない、あるいはチームが受け入れない人では戦力とならない。

ただし、チームの和が大事といっても、チームの和は目的そのものではないことを忘れてはならない。和を保つことは、手段であって目的ではないからだ。目的を果たすために、ときにはあえて和を乱すことも恐れない覚悟も、また必要である。

この点は、葉隠も許してくれるのではないかと思う。

その一言が人を動かす

大将が部下に声をかけるとき、まかり間違っても口にしてはいけないのが弱気な発言、後ろ向きの言葉である。

葉隠には「武士は、仮にも弱気のことを云ふまじ、すまじと、兼々心がくべき事なり。かりそめの事にて、心の奥見ゆるものなり。」（聞書第一―一四三）をはじめとして、弱気な言葉は寝言にも言ってはいけないという戒めが何度も出てくる。

武士は仮にも弱気なことを言ってはいけないし、やってもいけないと重々心がけるべきである。仮の話に心の奥が垣間見られるものだと言うのだ。

社長が弱気を見せれば、社員は退却の準備をはじめる。社長が弱気なことを口にすれば、社員は直ちにあきらめる。社長の言葉は、何倍も拡大されて社員の胸に響くのだ。

私のコカ・コーラ時代の上司は、けっして忙しいとは言わなかった。自分はいまとてもエキサイティングな仕事に時間を集中して使っていると言っていた。

社長として日本ホール・マークの立て直しをはじめて三カ月後、まだ赤字だった同社の社員の前で、私は「昨年同月よりも50パーセント黒字に近づいた」と話をした。失敗した社員には「おめでとう。やってはいけないやり方を一つ明らかにしたね」あるいは「成功に一つ近づいたね」と励ました。

二一、「疎まれては忠をつくす事叶はず。ここが大事なり」

――ボスマネジメントはビジネスパーソンにとって自己実現に不可欠のワザ

聞書第二―一二

内気に陽気なる御主人は随分誉め候て、御用に越度なき様に調へて上げ申す筈なり。御氣を育て申す所なり。さて又、御気勝、御発明なる御主人は、ちと、御心置かれ候様に仕懸け、この事を彼者承り候はば何とか存ずべしと思召さるる者になり候事、大忠節なり。斯様（かよう）の者一人もこれなき時は、御家中御見こなし、皆手揉みと思召され、御高慢出来申し候。上下に依らず、何程善事をなし候ても、高慢にて打ち崩すなり。右のあたりに眼のつく人なきものなり。

（中略）疎まれては忠をつくす事叶はず。ここが大事なり。大かたの人の見つかぬ所なり。その後少しづつずゝめかせ申して置く迄なり。

【現代語訳】

内向的で凡庸なご主人は、努めて誉めるようにすると共に、仕事に落ち度がないようこちらで整えて差し上げることが必要だ。

さてまた、勝気で利発な性格のご主人の場合は、少しこちらが一目置かれる存在になるように働きかけ、「このことをかの者が聞いたならばどう思うであろうか」とお考えになるような者になることが大忠節である。

そういう一目置かれる者が一人もいない時は、ご主人は家中の者を軽視し、すべて阿諛追従（あゆついしょう）の者と思われ、高慢になってしまわれる。

そうなると家中で誰かが、どれほどよいことを行っても、高慢な気持ちから壊してしまう。こういうことを見通せる人は少ない。

ご主人の高慢を正そうとして諫言、忠言するのは大事な忠義だが、ご主人に疎まれては忠義を尽くすことはできない。ここが大事なことだ。大方の人の気づいていないところである。

まずご主人から信用され、頼られて、その後に少しずつわかっていただくように仕向けていくのである。

どんな正しい意見もよい提案も聞き入れられなければ意味がない

上司とよい関係を築き、仕事を円滑にやりやすくする手法をボスマネジメントという。

上司の操縦法というタイトルの本を見かけるが、上司も口先だけで操れるほどには甘くはない。何よりも、まずこちらを信用してもらうことが肝心である。

信用され、信頼されるためには、信用・信頼を築き上げるための時間と事実を積み上げなければならない。人間関係なしにボスマネジメントは不可能だ。

人間関係を築いた上で、こちらの仕事を円滑に進めるには、葉隠の言うように、少し弱げな上司には、先回りして段取りを整え、失敗のないよう万事に気を配ることが有効である。

裏方の段取りはすべてこちらで整え、表舞台は上司の出番、したがって手柄も上司のものである。手柄は上司にプレゼントする、これはボスマネジメントの鉄則だ。

オレについてこい型の上司は、部下は自分の手足という考えの人も多い。このタイプの上司には、普段から少し意見や異見を示し、提案を示すことも大事だ。

はじめは少し疎ましがられるかもしれないが、葉隠にあるように、オレについてこいと言う前に「あいつは何と言うだろうか」と気にされるような存在になれば、意見や提案を無視されることもない。

いずれも上司にとって頼りになる存在となることが肝心なのである。

意見の配分は六分耳に心地よく四分耳に痛いこと

上司に頼りにされるためには、意見や諫言には必ず提案を添えることが必要である。単なる批判・悪口で終わっては、上司にとって物足りない。提案はできる限り具体的に、数字で示すことができるものは極力数字で示す。そこにどんなメリットがあるかも、可能な限り数字で表すと効果的だ。

また意見・諫言は論理が明確であること。意見・諫言にこうした条件が備わっていれば、ワンマン型の上司でも聞く耳を持つようになる。

意見・諫言、提案を疎まれないためには、もう一つ心得るべきことがある。それは必ずはじめに褒めることだ。

三世紀の中国の帝王学を記した『貞観政要（じょうがんせいよう）』には、諫言や忠言は「六分は耳に心地よいことを言い、四分で耳の痛いことを言え」とある。

目先の利益で人を釣り、お世辞やお追従で取り入ろうとしても、いざというときには役に立たないものだ。利益で動く者は利益で離れるし、お世辞やお追従で動かせる人間は肝心なときに当てにならない。

とはいえ、いくら正しい意見を言っても、あるいはどんなによい提案をしても、それが聞き入れられなければ、まったく意味がないことになる。それでは十分に仕事をすることができないまま時間を過ごすこととなってしまう。

上司を動かすためには、若干のお世辞やお追従も一つの手段、段取りである。それがどんなに正しくても、耳の痛いことばかり言って遠ざけられたり、上司を敵に回しては組織の中で仕事はできないし、最悪の場合は生きていかれない。

一回や二回で異見・諫言をあきらめるな

言うだけ言って聞き入れられなければ、相手に聞く耳がなかったのだから仕方がない。自分は言うべきことは言ったのだから、後は上司次第だとあきらめてしまう人がいる。無理もないように思えるが、果たしてそうだろうか。それでは単なる自己満足にすぎない。

上司に具申した意見や提案は、チームのためのものであろう。自分一人のためのことであれば、一回ノーと言われて引き取ってしまってもよい。しかしチームのため、上司も含めてみんなのための意見や提案であれば、言うだけ言えばよいとはならないはずだ。

実現させてこその意見であり、提案である。そう簡単にあきらめては意見・提案しないのとさして変わりがない。

上司も人間である。必ずしも、すべてをわかっているわけではなく見落としもある。一回の意見や提案では、その意味を十分に理解していないことだってある。むしろ、一回や二回では理解されないと思うくらいでちょうどよい。

上司に完全・完璧を求めるのは間違いである。

ただし、私は三回上司がノーと言ったら、意見・提案はそこで打ち止め。以後は上司の敷いたプラン通りに、否、あたかも上司のプランが私のプランであったかの如く、嬉々として積極的に上司の描いた計画の実現に全力を傾けた。

信頼関係が上司を動かす

私の持論とは異なるが、葉隠にはこういうエピソードが記されている。中野数馬という藩の重役の話だ。あるとき藩士三人が主君の意向に背いた。詮議を重ねた結果、この三人には切腹という命が下る。このとき中野数馬が主君の前に出て「右の者共はお助けなされ候様に」と進言をする。

殿さまは、これを聞いて大層腹を立てられ、「僉議相極め切腹申し付け候に、助くべき道理これあつて申す儀に候や（詮議を尽くして切腹を命じた。それでも、なお助けるべき理由があってそう言うのか）」と質された。

主君の問いに数馬は「道理は御座なく候（理由はございません）」と答えた。主君は「道理これなき処に助け候様にと申す儀不届（理由もないのに助けろと言うのは不届きである）」とお叱りになった。それで数馬はいったん引っ込んだが、再びやって来て「右の者共は何卒御助けなされ候様に」と申し上げる。

殿様はまたお叱りになり、数馬は引っ込むが、また出て来て理由なき助命を嘆願する。

このやりとりが七回続いたとき、殿様は「七度迄申す事に候間、助くる時節にてあるべし（数馬が七度まで言うのだから、ここらが助ける頃合いだろう）」（聞書第一－一三七）と思い直され、三人は助けられることになったという。

これは理非で言えば明らかに非である。理由もない上に七度も食い下がって意見し、これが聞き入れられたのは、ひとえに主君と中野数馬の篤い信頼関係があってこそのはなれ技と言えよう。問題は、ここまでの信頼関係を築くことができるか否かにある。

二二、「武勇と少人は、我は日本一と大高慢にてなければならず」

——自信は「自分はできる」と強く自己暗示をかけることから生まれる

聞書第二－三二

武勇と少人は、我は日本一と大高慢にてなければならず。道を修行する今日の事は、知非便捨にしくはなし。斯様(かよう)にわけて心得ねば、埒明かずとなり。

【現代語訳】

武勇と若いうちの修行は、我こそ日本一と気負い、大いに高慢で臨まなければいけない。遠慮や萎縮をしていては、修行は成り立たない。一方、人の道を修行する今日ただいまのことは「知非便捨（非を知ればすぐに捨てる）」を実行するに限る。

このように武道の修行と道の修行とは、分けて心得ておかないと、どちらも一向に進まないことになる。

若いうちは自己暗示をかけて自信を育てよ

自信は実績を生み、実績は実力となり、さらに自信が高まる。

この好循環の原点にあるのは自信だが、何の実績もないうちに自信を持つことは可能なのかと疑問を覚える人は多い。答えはイエスである。自信とは、読んで字のごとく自らを信じることである。

自分はできる、できると自己暗示をかけて、自分を信じさせればそれも自信となる。

若いうちから、十分な実績のある人などいないのだから、「我こそは社内で一番」と念じて仕事に臨むくらいでよい。

仮に失敗しても、自分はできるという暗示から醒めることなく、この失敗は成功に至るまでの段取り、次は成功すると気持ちを鼓舞することだ。

人とは自己暗示の生き物である。もし、自分はダメだ、ダメだとネガティブな暗示をかけていたら、間違いなくその通りになってしまう。よい意味で自分をだますことが大切なのである。

私は三十二歳のときに、四十五歳までに社長になると決めた。自分で勝手に決めたのである。見通しも何もない。大高慢と言えば、まったくその通りだろう。

それから四十五歳までにやるべき事、身に付けるべき事を列挙し計画を作った。そして四十五歳のときにジョンソン・エンド・ジョンソンの社長になったのである。

大高慢がなければ、社長にはなれなかったかもしれない。

葉隠の勧める子育てのやり方

明治生まれの私の父親は、私が子供の頃「お前は素質があるぞ。将来きっと偉くなるぞ」と言い続けていた。これは父からの暗示である。親や兄弟、家族からの暗示は大きな影響力を持つ。

葉隠は子供の育て方についてこう書いている。

「武士の子供は育て様あるべき事なり。先づ幼稚の時より勇気をすすめ、仮初にもおどし、だます事などあるまじく候。幼少の時にても臆病風これあるは一生の疵なり。（中略）又幼少にて強く叱り候へば、入気になるなり。（後略）」（聞書第一－八五）

武士の子供は育て方というものがある。まず幼児の頃から勇気を奨励し、かりそめにもおどしたり、だましたりしてはならない。幼児とはいえ、臆病になってはそれが一生の傷となって残る。また幼児の頃に強く叱ると、内気な弱い人になってしまうものだと葉隠は戒めている。

子供には、できる、強い、偉くなると、徹底してプラスの暗示をかけて育て、自信を持たせるほうがよい。そして長じては自己暗示をかけて、自分自身で自信を育てるのだ。

大高慢をただの高慢にしない法

葉隠の言う大高慢とただの高慢は違う。ただの高慢とは、芝居の書き割りのような単なるハッタリであり、思い上がりであり、甚だしいカン違いである。

大高慢をただの高慢にしないために、葉隠は武道の修行と道の修行を分けて考えよと言う。私の経験では、仕事力を磨くときには「自分はできる」と大高慢の自己暗示が効果を発揮した。一方、人間力の修行は「自分はできる」だけでは、ある段階から壁に突き当たった。

管理職になって部下を持ったときである。部下を相手には、自分に足りないものに目が向き、自分の判断や行動が原理原則に一致するかどうかを、ことさら意識するようになった。

知非便捨を考えたことはないものの、間違いとわかったことは躊躇せずに直ちに改めるようになった。朝令暮改は、むしろ積極的に進めたものである。

人間力に変化が表れるに従い、仕事力も従来とは異なる見解を得るに至る。

仕事力と人間力は、別々のものではなく表裏一体で一つのものだ。ある段階からは、人間力が上がらずには仕事力も上がらない。葉隠は、若いうちは武道の修行と道の修行を分けて心得よと言うが、武道と道はやがて一つに交わるのではないだろうか。

そんな気がしてならない。

私は、大高慢をただの高慢にしないために、具体的にやるべき事をスケジュール化した。先述したとおり四十五歳までにやるべき事、身に付けるべき事を列挙した。それは経営力、リーダーシップ、国際感覚、英語力、判断力、決断力など十五項目である。

これら十五項目に優先順位を付けて、何をいつまでにどれだけやるか、時間制限（締め切り）付きで計画を作った。

どんな勉強をどれだけやるか、本はひと月何冊読むか、セミナーには何回参加するか等、数字で目標を定めたのである。

大高慢をただの高慢にしないためには、具体的な目標設定と時間制限付きの計画があるとよい。三十二歳から四十五歳まで十三年間といっても、私の場合、この計画を実行するためには、とても高慢になっている暇などなかった。

常勝上杉謙信の奥義

そして、大高慢をただの高慢にしない決定打は成果を出すことである。成果を出す、結果を出すためには、思い上がりやハッタリではどうにもならないからだ。成果を出すために自信は必要でも、過信、慢心、傲慢は内なる敵である。これらの敵は、すべて思い上がり、カン違いから生まれる。

勝つためには原理原則がある。私は「コツコツカツカツ」と言っている。コツコツと積み上げた力が勝利に直結する。戦国時代、最も強かったといわれる常勝将軍、上杉謙信は「始終の勝などといふ事は知らず、場を迦（はず）さぬ所ばかりを仕覚えたり」（聞書第二－三五）と言っている。

常に勝ち続けることなど知らない。勝機を見のがさないことばかりに全神経を集中していたということである。

自分の力を見せつける派手な戦いより、隙のない戦い方にこそ常勝の秘訣ありということであろうか。コツコツカツカツも、「場を迦さぬ」戦い方も、ただの高慢ではできない戦い方である。

二三、「金銀は求むれば有るものなり。人は無きものなり」
――経営の最重要資源は人。金も物も、ブランドも仕組みも人がいればつくれる

聞書第一一－四二

金銀は求むれば有るものなり。人は無きものなり。

【現代語訳】

金銀は、対価を支払って求めれば手に入るものである。人は対価を払っても得られない。人は正しく育てなければ得られないものである。

企業にとって人財は最大にして最高の財産

企業は人なりと言う。私の言い方は「企業は人財なり」である。

我々は仕事のできる人、仕事力のある人のことを「できる人」と言う。また、人間のできた、人間力のある人のことは「できた人」と呼ぶ。人財とは、この両方を備えた人、すなわち「できる・できた人」である。

この「できる・できた人」とは、つまりはリーダー像でもある。

設備や資金を使って成果を上げるのは人だ。いくら最新の設備があっても、どんなに潤沢な資金を持っていても、それらを有効活用して成果を上げる人財がいなければ、せっかくの設備も資金も宝の持ち腐れである。

一方、人財がいれば、もし設備や資金が足りなくても、他所から借りてきて成果を上げることができる。人財は、企業の持つ経営資源の中で、唯一自ら考え、自ら行動して成果を上げることができる目減りのしない最重要経営資源なのである。

金銀がなくても、人財がいれば、人財が金銀を集めてくる。しかし、人財は買って来ることも、借りてくることもできない。

人財はつくる（育てる）以外に得る方法がないからだ。ヘッドハンティングや人材派遣でも、「人材」を得ることはできるが、「人財」を得ることはできない。一般的な仕事をする力（スキル）は、ヘッドハンティングでも、人材派遣でも可能だが、我が社にとって本当に必要な仕事力と人間力は、我が社以外の人間にあるはずがない。

ヘッドハンティングで得られるのは、リーダー候補者であってリーダーそのものではないのだ。

我が口に物を食ふてはならず

葉隠にも、人を得ることの大切さと難しさが縷々記されている。

葉隠は、全体を通じて人育てを言っていると見てもよいように思う。人育てとは自分育てでもある。

葉隠には、よい人財を持つための心得がある。

「山本神右衛門善兼々申し候は、侍は人を持つに極り候。何程御用に立つべしと存じ候ても、一人武篇はされぬものなり。金銀は人に借りてもあるものなり。人は俄になきものなり。兼てよき人を懇ろに扶持すべきなり。人を持つ事は、我が口に物を食うてはならず、一飯を分けて下人に食はすれば、人は持たるるものなり。それ故、『身上通りに神右衛門程人持ち候人はこれなく、神右衛門は我に増したる家来を多く持ち候。』とその時分取沙汰これあり候なり。（後略）」（聞書第一－一三二）

山本神右衛門善忠がかねがね言っていたのは、侍は人を持つに極まる。どれほどお役に立とうとしても、一人だけでは働けないものだからである。

金銀は人に借りても調達できるが、人はすぐにはできない。かねてからよい人をねんごろに養っておくべきである。「人持ち」は「金持ち」に勝るのだ。

人を持つということは、自分だけ物を食っていてはダメだ。一つの飯を分けて、下の者にも食わせれば、人を持つことはできると言うのである。

それゆえ「本人の言う通り、神右衛門ほど人を持っている人は他にいない。神右衛門は自分に増して多くの家来を持っている」と、その時分に取りざたされたと言う。

頼りになる曲者がどれだけいるか

ボスマネジメントの基本は、手柄は上司にプレゼントという姿勢である。逆に、上司が求心力を持つには、手柄を独り占めするようでは、とてもよい人は集まらない。苦しいときほど、上司は部下に報酬を分け与える事が大切なのだというのが葉隠の教えである。神右衛門の家来は、藩内でも信用が篤かった。どこかに欠員が生じれば、神右衛門の家来からと要請があり、何か仕事があったときには、主君自ら神右衛門の組の者にと御下命があったという。

神右衛門はよい人を抱えていたが、よい人はどういう人かという点についても、葉隠にはこうある。

「神右衛門申し候は、『曲者は頼もしき者、頼もしき者は曲者なり。年来ためし覚えあり。頼もしきと云ふは、首尾よき時母は入らず、人の落ち目になり、難儀する時節、くぐり入りて頼もしするが頼母しなり。左様の人は必定曲者なり。』と。」（聞書第一―一三三）

神右衛門の言うには「曲者とは頼もしい者、頼もしい者とは曲者である。何年も見てきてそう確信している。頼もしい者というのは、上手くいっているときには入ってこないが、人が落ち目になり、難儀しているときには、そっと入ってきて支える者である。そういう人が、つまりは曲者である」と、こう記している。

曲者とは当てになる人、頼りになる人である。

頼りになる曲者が、配下にどれだけいるかでチームの力は大きく変わってくる。リーダーにとって一人でも多くの「曲者」をつくることは、自分自身のためでもあり、またチームのためであり、会社のためでもある。

金か銀かダイヤモンドか

人には金の人も、銀の人も、ダイヤモンドの人もいる。格差ではなく、それぞれに輝く役割が異なるということだ。

リーダーにとっては、自分の後継者をつくるという大仕事の他にも、それぞれがそれぞれに輝けるポジションへ就けることも大切な役割である。

換言すれば適材適所である。それが人を生かす道だからである。

徳川家康の家臣には、二人の本多がいた。一人は猛将の誉れ高い本多忠勝である。

「家康に過ぎたる物が二つあり。唐の頭に本多忠勝（家康は、彼にはもったいないものを二つ持っている。外国製の兜と本多忠勝だ）」と言われたほどの優れた武将である。

もう一人は本多正信。知名度は忠勝ほどではないが、江戸に幕府を開くとき中心となった有能な行政官である。徳川三百年の礎を築いた重鎮だ。

忠勝と正信は、どちらも優秀な家臣だったが、役割はまったく異なっていた。しかし両者とも、自分の役目を果たし、自分の役割の中で、華々しく輝いていたのである。

第4章

人生を最期まで輝かせる葉隠の教え

二四、「夢の間の世の中に、すかぬ事ばかりして苦を見て暮らすは愚かなることなり」

――葉隠の語る人生の極意は好きなことだけやって楽しめだ

聞書第二―八五

人間一生誠に纔(わずか)の事なり。すいた事をして暮らすべきなり。夢の間の世の中に、すかぬ事ばかりして苦を見て暮らすは愚かなることなり。この事は、悪しく聞いては害になる事故、若き衆などへ終(つい)に語らぬ奥の手なり。我は寝る事が好きなり。今の境界相応に、いよいよ禁足して、寝て暮らすべしと思ふなり。

【現代語訳】

人の一生は本当にわずかな間のことである。だから好きな事をして暮らすべきである。夢を見ている間に等しい人の世で、好まない事ばかりをしていて苦しい思いをするのは愚かなことである。

ただしこのことは、誤って聞いては害になる考え方であるため、若い人たちには最後まで話すことのなかった人生の奥義である。

たとえば自分は寝る事が好きだ。だから出家したいまの境遇に応じて、いよいよ外出などせずに寝て暮らそうと思っている。

仕事はすべからくＦＵＮであるべし

私は仕事には三種類あると言っている。単に、指示命令された通りにやる仕事が「労動」、やりたくない事を強制されて、いやいやながらやるのは「牢動」、そして仕事をワクワクしながら楽しんでやるのが「朗働」である。

仕事は、すべからく朗働でなければならない。

多くの人にとって、寝ている時間を除くと仕事の時間は人生の半分を占める。趣味に楽しみを見いだすよりも、仕事に見いだしたほうが、確実にその人の人生は楽しいものとなるはずだ。

だから「夢の間の人生」で、いやな仕事を我慢してやることはない。

自分の好きな仕事を、思いっ切りやるべきである。つまり、働くとはすべからく朗働であるべきなのだ。

これが真の「働き方改革」だと私は考えている。

ビジネスパーソンの幸福とは、（1）好きな仕事を仲間と楽しくやっている、（2）人から喜ばれ、感謝される仕事を誇りを持ってやっている、（3）仕事の報酬に納得している、の三位一体がそろっていることだ。しかし、この三つの条件を満たした働き方をしている人は、全体の1割もいないだろう。

奉公の要諦は好きに極まる

山本常朝は奉公が好きだった。奉公が好きで、主君が好きでたまらない常朝にとっては、仕事はどこまでも楽しかったに違いない。常朝は四十二歳で出家し引退したが、人生の半分以上で好きな事ができたのである。

さらに出家した後は、恐らく奉公の次に好きな寝る事ばかりをして暮らすと言う。

「奉公人は、ただ奉公にすきたるがよきなり。（後略）」（聞書第一－一六〇）、ただ奉公が好き、主君のために働く事が好きであれば、その他の事は何とでもなる。多少の知識不足や技術不足は、後からいくらでも身に付けることができると言う。

好きこそものの上手なれというが、鍋島直茂公も、常朝のこの言葉に応じてこう言っている。

「物毎好きの者は集まるものなり。花に好き候へば今迄一種も持ち申さざる者も暫しの間に品々集まり、世に珍しき花など出来申すものに候。その如く人に好き候へば、その儘出来るものなり。唯好き申す迄にて候。」（聞書第四－五五）

直茂公に息子の勝茂公が、国を治めるにはよい人を持つに限ると言うが、どうすればよい人を持つことができるかと尋ねたとき、このように答えたという。

すなわち、物事好きな者のところに集まってくる。花が好きであれば、いままで花の種一つ持っていなかった者のところにも、わずかの間にいろいろな花が集まってきて、その中には世にも珍しい品種の花も出てくる。

そのように人が好きであれば、国の支えになる逸材も、自然と出てくるものである。

ただ好きでいるだけでよいと答えたのだ。

「これを知る者はこれを好む者に如かず。これを好む者はこれを楽しむ者に如かず」と『論語』にもある。

FUNでなければよい仕事はできない

私がコカ・コーラからジョンソン・エンド・ジョンソンに移ったとき、当時のCEOからこう言われた。「ミスターアタラシ、FUNでなければよい仕事はできないよ」。FUNとは楽しむということである。楽しんでやると、不思議と結果もよくなるし、反対に不承不承やっている仕事では、結果も振るわないものだ。これは仕事の鉄則と言ってよい。

常朝は「夢の間の世の中に、すかぬ事ばかりして苦を見て暮すは愚なることなり」という人生の奥義を、カン違いをすると害になるからと若い人には伝えなかった。

しかし、私は「仕事は楽しんでやるべき」と若い人にも何度も話している。

現代は、常朝の時代と大きく変わり、職業も会社も自由に選ぶことができる。選択肢が多いというのは、それだけ迷い、間違うことも増えるのだが、やり直しもできる。

自分にとって本当に好きな仕事、適切な職場を求めるチャンスは一度や二度ではない。選択の基準には「好きな事か、楽しんでやれるか」があってよい。

会社選びで注目すべきは理念

仕事は、やってみなければわからないことが多い。楽しそうだと思った仕事も、やってみたらしんどいということだってある。そういうときに、すぐにギブアップして次の仕事を探すというのは、あまり勧められることではない。

仕事を楽しむとは、しんどい事も、面倒な事も楽しむということである。やってみたら意外に面白くなかった程度で辞めてしまっては、本当の仕事の面白さを体験することはできない。どんな仕事も本当の楽しさを知るには時間がかかる。楽しさを理解するまでの間はどうすればよいか。

仕事を好きになることである。自分はこの仕事が好きだと、強く念じることも方法の一つだ。よい意味での自己暗示は、ここでも効果を発揮する。

そしてもう一つは、仕事の中に楽しさを見つけ出すこと。これも仕事が楽しい、楽しいと思っていると、自然と楽しさが見えてくるものである。

仕事も上司も美点凝視が基本だ。上司が好き、社長が好き、会社が好きであれば、自ずと仕事の楽しさも見えてくる。

問題は人間関係だ。人間関係にはどうしても相性がある。美点凝視、欠点無視を心がけても相性の悪さは残る。だが、同じ仕事を好きで選び、同じ会社を好きで選んだ者同士、先輩や上司と相性がよくなくても、自ずと価値観や美意識は近い点もあるはずだ。

美点を凝視すれば、必ず共感できる部分は見つかる。

嫌な奴だ、顔も見たくないと思えば見つからない共通点も、同じ理念に共感した者同士と考えれば、手を取り合うことのできる部分が見つかる。だから、会社は業種や規模だけで選ぶのではなく、理念を軸に選ぶことが肝心なのである。

二五、「翌日の事は、前晩より案じ、書きつけ置かれ候」
――すべての仕事の真髄は「備え十全」にあり

聞書第一－一八

翌日の事は、前晩より案じ、書きつけ置かれ候。これも諸人より先にはかるべき心得なり。何方へ兼約にて御出で候時は、前夜より向様の事万事万端、挨拶咄、時宜等の事迄(まで)案じ置かれ候。何方へ御同道申し候時分、御咄(はなし)に何方に参り候時は、先(ま)づ亭主の事をよく思ひ入りて行くがよし。和の道なり。礼儀なり。又貴人などへ呼ばれ候時、苦労に思うて行けば座つき出来ぬものなり。さてさて忝(かたじけ)なき事かな、さこそ面白かるべきと思ひ入りて行きたるがよし。（後略）

【現代語訳】

翌日のことは、前の晩から考えて書きつけておくこと。これも人に先んじて実行すべき心得である。

どこかへ、かねてからの約束により出かけていくときは、前の夜から向こう様の事を万事万端調べ、あいさつ話から、その場にふさわしい事までをよく考えておくことである。

どこかへ、主のお供で行くとき、お話に行くときには、まず先方の亭主のことについて、十分に気を配り準備して行くのがよい。

それが和の道である。礼儀である。

また貴人のところなどへ呼ばれた時に、それを気苦労に思っては座を保てぬものである。まったく身に余る光栄な事である、さぞや面白い事があるに違いないと、自分に思い込ませて行くのがよい。

今日にも通用するビジネスの基本中の基本

実用性と哲学が混在する葉隠で、はっきりと実用性について述べているのが、この

「翌日の事は、前晩より案じ、書きつけ置かれ候」である。

これはビジネスパーソンにとっての基本中の基本だが、葉隠にも「これも諸人より先にはかるべき心得なり（他の人に先んじてやっておくべき心である）」とあるから、当時の人もあまりやっていなかったのかもしれない。

私は現役時代も、社長を務めていたときも“To Do List”を前日に作っていた。“To Do List”とは、明日やるべき事を書き出したものだ。“To Do List”には三つの掟がある。（１）翌日にやるべき事を列挙する。（２）やるべき事に優先順位（やる順番）を付ける。（３）リスト通りにやる、の三つだ。

これをやるだけでも、雑務に振り回される過失を犯さなくなる。このリスト通りに実行すれば、一日の仕事はほぼ午前中で終えることができる。

段取り八分と言うが、段取りを前日のうちに終えているのだから、当日の仕事が早くなるのは当然と言える。

不覚は恥である

葉隠にはこうある。

「覚の士、不覚の士といふ事軍学に沙汰あり。覚の士といふは、事に逢うて仕覚えたるばかりにてはなし。前方に、それぞれの仕様を吟味し置きて、その時に出合ひ、仕果するをいふ。然れば、万事前方に極め置くが覚の士なり。不覚の士といふは、その時に至つては、たとへ間に合はせても、これは時の仕合せなり。前方の僉鑿せぬは、不覚の士と申すとなり。」（聞書第一－二一）

覚の士、不覚の士ということが軍学にはある。覚の士というのは、事に当たって覚えただけではない。事前に、何をどうすればどうなるかを吟味して、いざそのときになったら適切な行動をとり、役目をきっちりと果たすことのできる人を言う。

つまり、万事事前に準備し、決めておくのが覚の士である。

一方、不覚の士とは、そのときになって、たとえ上手くやれたとしても、それは偶然によるものである。あらかじめ調べ、準備していないのは不覚の士であると葉隠は言う。

そのときになって慌ててやっても、運がよければ上手くやれるときもある。だが、それでは不覚のそしりを免れない。仕事はすべからく事前の段取りが大事なのである。これは現代でもまったくその通りである。

何となく惰性で仕事をしていると、こういう基本中の基本が疎かになりがちだ。適度な緊張感を持って仕事に取り組まないビジネスパーソンは、今日でも不覚の士である。思わぬ不覚を取る破目に陥る。

事前の情報収集で会うのが楽しみになる

葉隠にある通り、私も営業職に就いていた時代には、担当するお客さまのところへ行くときには、お客さまの趣味や好み、いま何に一番関心があるか、触れられたくない話題は何かなど、詳しく事前にリサーチを行っていた。

また、社長時代にお客さまを訪問するときには、担当の営業社員から先方の詳しい人となりを聞き出し、周辺のことについても、可能な限り情報収集をしていた。そのため、訪問先で話に詰まったことは一度もない。

訪問先の情報収集には、もう一つの効果がある。

先方の情報を集めていると、自然に相手への関心が高まってくる。相手への関心が高くなると、今度は会うのが楽しみになる。会うのを楽しみにして訪問するのと、仕事だから仕方なく行くのとでは、まったく会談の空気が違ってくるものだ。

さらにもう一つ、奥義を明かすと、あまり関心の持てない相手だったとしても、自分はこの人に会うのが楽しみと、自己暗示をかけること、会見が有意義なものとなる。

元総理が相手でも闊達に

葉隠にも、「貴人などへ呼ばれ候時、苦労に思ふて行けば座つきできぬものなり（偉い人に会うとき、相手の地位や名前に気圧されて、気苦労に思っては座持ちができないし、話に集中できない）」（聞書第一－一八）とあるが、社長のお供で財界の重鎮と言われるような人に会うときは、まずもって何を話してよいかわからないし、といって黙ったままというのも窮屈でたまらないものだ。

早く終わらないかと思う気持ちもわからないではない。

しかし、そういうときでも、嫌だ嫌だと思っているだけでなく、前もって積極的に相手の情報を集めていると、やはり関心が湧いてくる。そうすると聞きたい事、確かめたい事の三つや四つは出てくるものだ。

相手はめったに逢えない人だけに、同席できるということは大きなチャンスである。そう考えれば、偉い人に会うのも楽しみになるはずである。会っても臆することはなくなる。

思いの外、充実した時間を過ごすことができるだろう。

私は小泉純一郎元総理に会ったときでも、会うのを楽しみにして、実際会ってもかなり楽しい時間を過ごすことができた。話が弾んだことで、小泉元総理の意外な一面を見ることもできた。これは貴重な体験である。

葉隠はこう言う。

「何事も成らぬといふ事なし。一念起ると、天地も思ひほがすものなり。成らぬといふ事なし。人がかひなき故、思ひ立ち得ぬなり。力をも入れずして、天地を動かすといふも、ただ一心の事なり。」（聞書第一－一四四）

何事もできないということはない。一つの強い想いが起きると、その想いは天地をも貫くことができる。できないということはない。人の器量不足で、思い立たないだけである。力をいれずに、天地を動かすのも、ただ心一つであるということだ。

案ずるより産むがやすし。事前準備をしているうちには、何となくできるような気になってくるものだ。この気持ちを信じるべきである。

二六、「諸人鏡をよく見ぬゆえ、風体わろし」
――人に会う前、出社の前は常に鏡で顔色と表情をチェック

聞書第一 ― 八九

風体の修行は、不断鏡を見て直したるがよし。これ秘蔵の事なり。諸人鏡をよく見ぬゆえ、風体わろし。口上の稽古は宿元にての物言ひにて直す事なり。文段の修行は一行の手紙も案文する迄(まで)なり。右いづれも閑(しず)かに強みあるがよきなり。又手紙は向様にて掛物になると思へと、了山上方にて承り候由。

【現代語訳】

容姿の修行は、常に鏡を見て直すことがよい。これが秘訣である。多くの人は、鏡をよく見ないから容姿が悪い。

話し方の稽古は自宅で声を出して話してみて直す。文章の訓練は、一行の手紙文でも考え抜いて書くまでである。話し方や文章は、いずれもしずかで力強いものがよい。

また、手紙は、送り先で壁に掛けられる物になると思えと、了山和尚は上方で聞いたそうだ。

自分の顔をマネージできなくて会社をマネージできない

先に挙げたリンカーンの「四十歳を過ぎたら自分の顔に責任を持て」という言葉に見られるように、人の顔には大なり小なりそこへ内面が表れる。顔形は生まれつきであっても、人格者の顔には人を魅了するものがあるし、犯罪者の顔には凶相が見て取れる。

一方、外面もまた内面を律することがある。

意図して笑顔をつくっていたとしても、笑顔でいることで、次第に自分の気持ちも明るくなってくることがある。水は方円に従うというが、外形に合わせて内面が変わってくることを、我々は立場が人をつくるという現象を通じて知っている。

私は社長時代、朝気分が悪いときには、まずトイレで鏡を見て、表情を整えてから職場に顔を出していた。気分の悪い原因は二日酔いだったり、家族とのケンカだったりと様々だが、それを顔に出して出社しては朝のスタートが台無しである。

気分のよくないときは、鏡の前で一通りの儀式を経て、おもむろに会社のドアを開ける。儀式とは鏡の前で笑顔をつくり、鏡に映る自分に向かって「やあ、おはよう」と声をかけることである。

葉隠には「写し紅粉を懐中したるがよし。自然の時に、酔覚か寝起などは顔の色悪しき事あり。斯様の時、紅粉を出し、引きたるがよきなりと。」（聞書第一－六六）とある。懐中に紅を用意し、緊急事態や二日酔い、寝起きなどで顔色の悪いときには、紅を引くとよいというのだ。私はやったことがないが、昨今メンズ化粧品もあることから、それも方法かもしれない。

トップが機嫌の悪そうな顔をして、会社に出てくるのは大きなマイナスだ。どういうマイナスがあるかというと、トップが機嫌の悪そうな顔をしていたら、社員は悪い知らせを「今日は機嫌が悪い。明日にしよう」、または「機嫌が悪そうだから、この話は耳に入れないでおこう」としてしまう。結果として負の情報が耳に入らなくなる。最後には裸の王様になってしまう。

悪い知らせほど、時間が経つに従い事態はますます悪化する。バッドニュースファーストはビジネスの鉄則だが、トップがそれを邪魔するような態度では話にならない。そもそも、部下に表情を盗み見られるような上司は上司失格である。

私は社長失格にならないよう、機嫌が悪くても機嫌よく、普段からほほえみと落ち着きを保つよう心掛けていた。「新さんはいつも明るいですね」と何度も言われたが、明るいのではない。明るく振る舞っていたのだ。

スピーチ・プレゼンは相手に合わせて

葉隠には「口上の稽古は宿元にて」とある。あいさつ、プレゼン、または大事な会議での発言など、今日でいうスピーチをする機会は葉隠の時代にもあったのだろう。私もスピーチの練習は家でよくやっていた。

講演をするようになってから、最初のうちは自分の講演の様子をビデオに撮ってチェックを繰り返していたものである。チェックしたのは表情、目線の配り方、身振り手振りなどである。

その他のチェック事項は早口にならない、時間内に収めることなどだ。

講演、スピーチ、プレゼンの事前準備で、もう一つ大切な事は聞く側の人がどういう人たちかという情報のチェックである。相手によって話し方は変わる。相手のことを考えた話し方を用意しないとスピーチもプレゼンも講演も上手くいかない。

たとえば私は講演会で聴衆が外国人なら英語で、日本人でも大企業の社長クラスが相手のときには、時折英語を交ぜて話をする。しかし、聞き手が中小企業の社長であるときには、できる限り英語の表現を避け、日本語に直して話す。

決して中小企業経営者をバカにしているのではない。話というものは相手に伝わってナンボだからである。中小企業の社長でも英語に堪能な人は多い。しかし、大企業のトップに比べると比率はやはり少ない。

話し手が、聞き手にとって、よりわかりやすい表現を選ぶことは当然である。相手と波長を合わせること、それが話す側の基本的作法だ。

文章の奥義は言葉選び

文章を上達させるためのトレーニングとは、数多くを読み、数多く書くことだと私は考えている。スピーチも文章も、まず慣れることが大切だからだ。慣れないうちは、よいも悪いもわからないものである。

慣れてくるに従い、少しずつでも全体が見えてくるようになる。全体が捉えられるようになると、話の流れが見えてくる。誰の話のどこがよくて、誰の文章のどこが参考になるかも、全体が見えはじめた頃には気がつくようになるものだ。

一方、葉隠は「文段の修行は一行の手紙も案文する迄なり」とシンプルだ。

文章もスピーチ同様に、伝わってナンボである。意のあるところが、正しく伝わるのであれば、文章はどんなに短くても問題ない。そこで肝心なことは、自分の意図を示す適切な言葉を選べるか否かである。

一行を究める

こちらの意図を伝えるのに最適な言葉を見つけるのは、物を書く人間にとっては最大の難事業である。こうして長々とした文章を書いているのは、言葉の足りなさを文章を連ねることで補おうとしているにすぎない。

言葉選びで問題なのは、同じ事を伝えるのでも、相手によって最適の言葉は違うということだ。若い人に響く言葉と中高年では違う。男性と女性でも異なる。こうして見ると葉隠の言う一行の文を疎かにしないというのは、深遠な意味を持つように思える。

文章を読む人にとって、最も強く適切に響く言葉を選び抜くこと。この訓練を続けていけば、相手によって同じ事を伝えるにしても、言葉を換え、表現を工夫することができるかもしれない。

文章の極意とは、葉隠の言うとおり、一行を案じることにあるのかもしれないと、改めて思う。

二七、「主人にも、家老年寄にも、ちと隔心に思はれねば大業はならず」
――上に可愛がられるだけではダメ、上からも一目置かれる存在であれ

聞書第二－九四

主人にも、家老年寄（より）にも、ちと隔心に思はれねば大業はならず。何気もなく腰に付けられては働かれぬものなり。この心持これある事の由。

【現代語訳】

勤め人は、主人にも、家老や年寄りなどの上級の役職者からも、少しくらい気の置ける人物と思われるようでないと大きな仕事はできない。大して気にかけられず、思い通りなる奴と軽く見られていては、十分な働きはできないものだ。このような心持ちでいることが大切なのだ。

社長からも上司からも一目置かれる存在であれ

ペットは人を癒やし、幸福感を与える。ペットは可愛がられる存在だが、頼りにされたり、当てにされることはない。災害救助犬は人助けに一役買っているものの、困ったときにペットを当てにする人はいないはずだ。

人も同様で、人の心を癒やし、安心感を与えてくれる存在は貴重ではあるが、残念ながらそこまでである。

ビジネスパーソンとしては、可愛がられると同時に、一目置かれるくらいの存在でありたい。

「ちと隔心に思はれねば大業はならず」とあるが、この「ちと」という距離感が大事だ。大きく隔たってしまっては、信頼関係に隙間が生じる。信頼関係は変わらないが、社長としては無視できない、気にかかる存在が一目置かれるということだろう。

先述した「（前略）御気勝、御発明なる御主人は、ちと、御心置かれ候様に仕懸け、この事を彼者承り候はば何とか存ずべしと思召さるる者になり候事、大忠節なり。（勝ち気で利発なご主人には、少しばかり、こちらのことは無視できないなと思わせ、このことをかの者が聞いたらなんと考えるだろうかと思われる者になってこそ大忠節と言える）（後略）」（聞書第二―一二）というくらいの存在感を持っていないと大きな仕事はできないものだ。

それでは勝気なご主人に、かの者が聞いたら何と思うだろうかと、気にかけられるような重要な存在になるにはどうすればよいだろうか。

人の関心は誰が言うかに向かう

会議の発言は、誰が言うかではなく、何を言うかで判断するべきである。

ところが、人は往々にして何を言うかよりも、誰が言うかばかりを気にかける。発言内容よりも、発言者の地位や肩書のほうを熱心に見ているのだ。

話の中身を理解するには、話し手と同じ程度の情報を共有している必要がある。

だからぼんやり聞いているくらいでは、話の中身より話し手が誰であるか、どういう声で、どういう話し方をしているかくらいしか頭に残らない。

ところが自分にとって重要な人物が話すときには、話が難解でも視覚と聴覚が総動員され、高い関心を持って聴くはずだ。

つまり会議の席で、同僚や上司がしゃべっているときはボンヤリと聞いていても、社長の話は強い関心を持って聴いているものだ。

社長ではなくても、自分にとって無視できない人物の発言には重さを感じる。重さのある言葉は心に残る。

一目置かれる人の言葉とはそういうものだ。

こういう重要人物になるには、普段の意見や異見、提案などの発言に私利私欲、私心がなく、常にチームのため、会社のためという視点で、建設的に物を考えていることが必要だ。さらに信頼を得るだけの実績を挙げていることも不可欠である。

つまり、一目置かれる人とは「できる・できた人」のことだ。できる・できた人、すなわちリーダーの資質が豊かな人は、可愛がられていたとしても、軽く扱われることはない。

社長といえども、やはり「ちと隔心」せねばならない存在である。

広く情報を集めよ

一目置いている人からの意見や異見、提案であれば、社長としても聴かざるを得ないものの、彼が（彼女が）言っているのだからだけで、すべてを決定してしまうことはできない。彼が（彼女が）言っている中身が妥当であるかどうかも吟味しなければ、責任ある判断はできないからだ。

とはいえ、こうした判断にはそう時間をかけてはいられない。

話を聴いた段階で、白黒の判断をつけるためには、判断できるだけの情報を持っていなければトップは務まらない。

そのためには情報が、現地現場から直接社長に届く仕組みが必要である。二次加工された情報ではなく、フレッシュな第一次情報が数多く集まることで、社長は下から上がった提案の妥当性を判断できるのだ。

鍋島藩には「目安箱」的な制度があったらしい。

「勝茂公御代には風説書と申す物を差し上げ候由。たとへば何山を唯今の通り御伐らせなされ候ては、末々斯様の支所（つかえ）これあるべき由、何の宿罷（まか）り通り候時分、道通りの者咄(はな)し候て罷り通り候を承り候。又唯今の御仕置斯様(かよう)になされ候ては百姓ども迷惑仕(つかまつ)り候由、何町罷り通り候時分、道通りの者申し候を承り候などと書き付け、差し上げ候由。（後略）」（聞書第四－七）

勝茂公の時代には風説書というものを差し上げていたという。

たとえばある山をいまの通りに伐採をすれば、後々に災害などの問題が起きるというような話を、宿場を通ったときに人々が話していたのを聞いた。

または、いまの政治のなされようでは、農民が迷惑するというような話を、何町を通ったときに、通行人が話すのを聞いたという噂話や、風聞を殿さまに上申していた制度のようである。

噂話、風聞をそのまま上げているところに、意味があるように見える。噂話や風聞でも、途中で役人が加工していないだけ、真実に近いからだ。

情報は現地から直送

では、現場から直送された第一次情報は、鵜呑みにしてよいかというと、そう簡単ではない。葉隠もこう言っている。

「僉議事又は世間の咄を聞く時も、その理を尤もとばかり思ひて、そのあたりにぐどついては立ち越えたる理が見えず。人が黒きと云はば黒き筈にてはなし、白き筈なり、白き理があるべしと、その事の上に理をつけて、案じて見れば、一段立ち上りたる理が見ゆるものなり。（後略）」（聞書第二－一〇〇）

審議のとき、また世間の話を聞くときも、なるほどもっともと思って、そこでとどまっていたのでは、本当の原理原則は見えない。

人が黒と言っても、原理原則と付け合わせれば黒いはずはなく、白のはずだと、一段高いところから情報を眺めれば、本当の理が見えてくるものだという。

第一次情報は常に大所高所に立って、原理原則と突き合わせてみなければ誤解を避けることができない。

二八、「決定覚悟薄き時は、人に転ばせらるる事あり」
――イエス、ノーをあいまいにしてはいけない

聞書第一―八六

決定覚悟薄き時は、人に転ばせらるる事あり。又集会咄（ばなし）の時分、気ぬけて居（い）る故に、我が覚悟ならぬ事を人の申しかけ咄（はなし）などするに、うかと移りてそれと同意に心得、挨拶もいかにもと云ふ事あり、脇より見ては同意の人の様に思はるるなり。それに付、人に出会ひては片時も気のぬけぬ様にあるべき事なり。その上、咄又は物を申しかけられ候時は、転ばせられまじきと思ひ、我が胸にあはぬ事ならばその趣申すべしと思ひ、その事の越度を申すべしと思ひて取り合ふべし。差したる事にてなくても、少しの事に違却出来るものなり。心を付くべし。（後略）

【現代語訳】

考えや意見がしっかりと定まっていないときは、人に丸め込まれることがある。また会合のときに、気が抜けていたために、そのつもりではないことを、人から話しかけられたからと、うっかり相手の話に合わせてしまい、まあ同意できるかと思って、挨拶のつもりで「いかにも」などと言うことがある。それが、傍から見れば同意した人のように思われてしまう。

それにつけても、人と出会っては片時も気の抜けぬようにするべきである。その上で、話しかけられたとき、物を言いかけられたときには、丸め込まれてはならないと思い、相手の話が自分の考えや志に合わないことであれば、その旨をしっかり話そうと思い、相手の話の中身にある見落としや誤りについて指摘しようと思って取り合うべきである。

さしたることではなくても、些細なことで行き違いは起こるものだ。気を付けるべきである。

家を出たら七人の敵がいる。くれぐれも油断するな

三十年以上昔に『「NO」と言える日本』(石原慎太郎・盛田昭夫著)という本がベストセラーになった。当時も、日本人はノーと言えない、常に答えを曖昧にする国民性と言われていた。現在でも、あまり変わっていないように見える。

国際的にも、この日本人観は定着しており、普通「イエス、イエス」と言えば、国際的には"I agree with you"「あなたに賛成する」だが、日本人がイエスと言ったら、それは賛成ではなく"I hear you"「聞き置きます」である。

国際的に沈黙は、賛否の意思決定の留保という行為だが、日本人の沈黙は拒否であり、NOという意味を持つ。もし、日本人がノーと言ったら、彼(彼女)はもはや日本人ではない。こんなジョークが流行るほど、日本人の曖昧さは世界的に有名である。

その他にも、日本語にはノーとは言わずに「NO」を意味する表現が多数ある。

前向きに検討します。善処します。持ち帰って相談します。よく考えてみます。これらの表現は一皮むけば「ノー」、または、お聞きしましたがやりませんという意味である。

その場しのぎの返事は禍根の種

80年代、日米政府の通商担当者会議で日本側が「持ち帰って検討します」と言っていた議案が一つも進まないことに、アメリカ側は「日本人はうそつきだ」と怒り出した。

日本側がイエス・ノーをはっきり述べず、「検討する」と曖昧な表現で済ませたことが原因である。答えを曖昧なままにしていたことで、結局、会議の流れは日本側に不利に傾いた。返事を曖昧にしたままだと、往々にして後に禍根を残す。

葉隠にあるように、曖昧な返事ばかりをしていると、よからぬ人に付け入る隙を見せることともなる。私は仕事柄、何度も国際会議に出ているが、会議場のロビーやカフェで各国の出席者から声をかけられ、彼らの意見や提案に賛同するよう働きかけられたことが何度もある。

そういうときに旗幟（きし）を明らかにせず、黙ったままでいると相手は賛同を得られたと思い込むので、私は次の四つのうちのどれかで答えていた。

（1）賛成する、（2）反対する、（3）条件付きで賛成する、（4）条件付きで反対する。返事を曖昧にするのは、相手によっては断りづらいからという心理的な理由と、イエス・ノーの腹が決まっていないという二つの理由がある。

断りづらい相手に対しては、相手の顔を潰さないように配慮した断り方をしなくてはいけない。そのときに有効なのが条件付き賛成である。こういう条件であれば賛成できる。いわば逆提案と言えよう。

逆提案をするためにも「その事の越度を申すべしと思ひて取り合ふべし（相手の話にある見落としや誤りについて指摘しようと思って取り合うべきである）」という心構えで、相手の話を真剣に聴く態度は不可欠である。

その時はその時、今は今というのが不覚悟

いまはまだいいだろうと、聞き流していたのでは事態をますます悪化させる。

「（前略）唯今がその時、その時が唯今なり。二つに合点している故、その時の間に合はず。唯今御前へ召し出だされ、『是々の儀を、そこにて云つて見よ。』と仰せつけられ候時、多分迷惑なるべし。二つに合点して居る証拠なり。唯今がその時と、一つにして置くといふは、（中略）御前にても、家老衆の前にても、公儀の御城にて公方様の御前にても、さつぱりと云つて済ます様に、寝間の隅にて言ひ習うて置く事なり。

万事かくの如きなり。（後略）」（聞書第二－四七）

ただいまがそのとき、そのときがただいまである。ただいまとそのときを分けて、二つの場面とするから、肝心のそのときには間に合わないのだ。殿さまの御前に召し出され、「これこれのことについて述べてみよ」と急に命じられたら、多分困惑してしまうだろう。それは、そのときはそのとき、いまはいまと二つに分けて考えている証拠である。

殿さまの御前でも、藩の重役の前でも、幕府の御城で将軍の前であっても、さっぱりと言って済ませるように、普段から寝室の隅で（物事を原理原則に沿って考え、それをまとめ）言葉にする訓練をしておくことだ、と葉隠はそのときはそのとき、いまはいまと油断することを戒めている。相手が突然話しかけてきた「いま」が「そのとき」なのだ。

突然の話なので判断できないではなく、いま、相手の話に応えられるよう、普段から自分の考えの基本線、信念、信条をたしかに持つことが大事なのである。

人に陥れられてはならない

讒言（ざんげん）や悪口で人を陥れ、喜んでいる者は葉隠の時代にもいたらしい。

「悪逆の者の仕方は、人の上の非を見出し聞き出して、語り広げ慰むなり。又、『何某こそ斯様の悪事故、御究にも逢ひ、閉門蟄居仕り居り候。』などと無き事までも言ひはやらかし、世上普く取沙汰させてその者の耳に入れ、扨はこの事顕はれ候と存じ、先づ病気分にて引き入り候時、『我身に悪事ある故、手前から引き取りたり。その仔細御改めあるべし。』と沙汰して歴々の耳にも入れ、止む事なく悪事になる様に仕なすものなり。（中略）斯様の佞悪の者、何時の世にもあるものなり。覚悟すべき事なり。」（聞書第二－五七）

悪質な者のやり口は、人の非を見つけ、悪い噂を聞き出しては、その噂を広げて自分の憂さを晴らそうとする。さらに「誰それは、こういう悪事を働いたので、取り調べられ謹慎を命じられた」などと事実無根の話まで吹聴し、それを拡散させて本人にも知れるようにし、本人がいたたまれずに、病気と言って引きこもった段階で「身に覚えがあるから、自分から引きこもったのだ。詳しく追及すべきである」と決めつけ、上役の耳にも入るようにして、とどまることなく悪事をでっち上げようとする。こういう悪質な者はいつの時代にもいるものだから、覚悟しておくべきだと葉隠は注意を喚起している。

善良な人は、こうした悪人のやり口には疎いため、うろたえ慌ててしまう。多少は悪い奴らの考える事や行動パターンを心得ておくことも、人生の大事な知恵となる。

二九、「三国領するも安き事なれども、十代と治むる事とても成るまじ」
——企業とは持続的に成長する存在でなければならない

聞書第一一一六一

太閤様、名護屋御越しの節、主水殿、御謀反勧められ候。その時、直茂公御意なされ候は、「討つ事は安き事なり。然れども末がつづかぬなり。また三国領するも安き事なれども、十代と治むる事とても成るまじ。一国ばかりは長久すべし。」と仰せられ候由。

【現代語訳】

太閤（秀吉）様が名護屋にお越しになった折、鍋島主水公が直茂公に謀反を勧めたことがある。その時、直茂公はお考えをお示しになられ「太閤様を討つ事は容易である。だが、討つだけで天下を統べる計画がなければ、その先が続かない。また、三国を所領し支配下に置くことも容易いが、それを十代にわたって治め続けるとなると、とてもできまい。一国だけであれば長く安定して治めることができる」とおっしゃられたという。

企業は持続的に成長する存在である

日本には二百年以上の歴史を持つ長寿企業が約千四百社、ハードルを下げて、百年以上ともなると三万三千社もあるという。五百年を超える超長寿企業は三十社あるといわれている。

一方で、日本では一分間に一社が消え（倒産、自主廃業等）ているというのも事実だ。企業はゴーイングコンサーン（継続する組織）となることが重要だが、長期間存続することは難しい。平均寿命は三十年でこの世から姿を消してしまう。

企業は潰れてはならない。企業が潰れないためには、業績を上げ続けることが必要だ。業績を上げ続けるためにはリーダーが必要となる。企業が持続的に成長するためには、何代にもわたってリーダーが育ち続けることが条件である。

葉隠が本文中の随所で諫言（かんげん）について述べているのも、よき主君（リーダー）を育てることが藩の死命を制するからであり、よき藩主を育てることは藩士にとって最大の奉公（使命）だったからであろう。企業は人なり、藩も人なりだったのだ。

人を育てる上で軸となり、核となるのは理念である。企業には企業理念があり、藩にも初代君主の理念を記した家訓のようなものがあるはずだ。人の育て方には普遍の原理原則があるが、理念によって少しずつ異なってくる部分もある。ゆえに企業や藩によって人財には個性が表れる。

ビッグよりもグレートであれ

鍋島藩の主君、鍋島直茂公は「天下を取る」ことを勧める親類の者に対して、「討つ事は安き事なり。然れども末がつづかぬなり。」と、いわば規模の拡大よりも“Sustainability”持続可能性の重要さを説いたのである。

前述した通り企業経営者でも、規模を求める人は多い。大きいことはいいことだという意見は根強い。しかし、会社と屏風は、広げすぎると倒れるというのも、一つの事実を言い当てている。

企業はビッグである前にグッド、さらにはグレートでなければならない。これは原理原則である。ただビッグのみを狙うか、グッドを追求し、実現した上で、最終的にグレートを極めるかは、その会社の企業理念によって分かれる。

私が日本法人の社長を務めたジョンソン・エンド・ジョンソンは、世界的な大企業だが、あくまでも求めるのはビッグではなくグレートでありエクセレントだった。そのため同社は「小さな事業体の集合」であるという姿勢を崩していない。それは、そういう企業理念だからである。

鍋島藩にも規模拡大よりも藩の持続性を重視する家訓があったと思われる。

小なりとも誇りは高く

鍋島直茂公は「また三国領するも安き事なれども、十代と治むる事とても成るまじ」と言っているが、鍋島家の家訓が小さくまとまることをよしとする、気弱で保守的なものではないことは、次のエピソードからも窺える。

「勝茂公年若の時分、何方にて候や、御大名方数人御一座の折、どなたか、『九州育ちは魂が一つ足らぬと申す事世間に申し扱ひ候。』と御申し候。（中略）公進み出で仰せられ候は、『これに九州者罷り在り候。御評判の通り九州者は魂一つ不足に御座候事、たしかに覚え御座候。』とあらかに仰せられ候。御一座の衆、そと御無興にて、『誠に信濃守殿は西国育ちにて御座候。御覚え御座候は如何様の事に候や。』と申され候。公仰せられ候は、『臆病魂一つ足り申さず候。』と御取合ひなされ候由。」（聞書第四－八）

勝茂公（直茂公の子息）がまだ若い頃、どこであったか、大名数人のいる席で、どなたかが「九州育ちは魂が一つ足りないと世間では言われている」と口にした。勝茂公が進み出て「ここに九州者がおります。ご評判の通り九州者は魂が一つ足りぬという事、たしかに身に覚えがございます」と声を荒らげておっしゃった。ご一座の方々は、ややご不興に感じ「誠に信濃守殿は西国育ちでございました。身に覚えとはどのようなことでございましょうか」と言われた。すると勝茂公が言うには「臆病の魂が一つ足りません」とその場を収められたという話である。

若輩ながらも、諸大名に気後れせず、言うべき事は言いつつ、その場を収める機知と誇り高き気骨は、鍋島藩の家訓がいかなるものかを彷彿とさせる。

主君を育てるのは藩士の使命

社員を育てるのはリーダーの仕事。一方、社員もリーダーを育てる役目を担っている。意見や異見、忠言、諫言、苦言を駆使して社員はリーダーを育てる役目を果たさなくてはならない。聞く耳を持たぬのは相手の責任と、傍観者になることを葉隠は許さない。両者が役目を果たすことなしには、企業も藩も持続的に成長できないからだ。聞く耳を持たぬ人に、聞く耳を持たせる工夫をこれまでにも見てきた。主君に問題があれば、主君に恥をかかせぬよう、また主君が受け入れやすいように、とがめだてなどせずに、相手が自ら気づくようにしむけるのが葉隠の諫言である。

そこには、もはや諫（かん）（いさめる）はない。

「（前段略）前々数馬も終に御用と申して罷り出で、御意見上げたる事なし。御序に潜かに申し上げ候につき、よく御請けなされ候。外に存じたる者これなき故、御誤終に知れ申さず候。理詰にて申し上ぐるは、皆我が忠節立て、主君の悪名を顕はし申し候に付、大不忠なり。（中略）潜かに申し上げ、御請けなされたる時は、力及ばざる儀と存じ果て、いよいよ隠密いたし、色々工夫を以て又は申し上げ又は申し上げ仕り候へば、一度は御請けなさる事に候。（後略）」（聞書第二－一二八）

（前段略）中野数馬も御用と言って殿様に意見をしたことはない。ついでのことのように密かに言うから主君の面目も保たれ、よく聞き入れてもらえる。悪事も外に漏れない。理詰めに相手を追い詰めるのは、すべて自分の忠節を示すためで、主君に悪名を負わせる大不忠である。

密かに意見し、受け入れてもらえないときには、自分の力不足と嘆き、いよいよ表立った行動は控え、色々と工夫して、繰り返し、繰り返し意見を申し上げれば、一度は聞き入れてもらえるものだという。あきらめずに、とことん相手の味方になって支え続けつつ、意見を繰り返すことが藩と企業の“Sustainability”持続可能性を高めるのだ。

三〇、「勝ちといふは、味方に勝つ事なり」
――自分の心の中の敵に克つことが最上の勝ちである

聞書第七－一

成富兵庫申され候は、「勝ちといふは、味方に勝つ事なり。味方に勝つといふは、我に勝つ事なり。我に勝つといふは、気を以て体に勝つ事なり。かねて味方数万の士に、我に続く者なき様に我が心身を仕なして置かねば、敵に勝つ事はならぬなり。」と。

【現代語訳】

成富兵庫の言うには「勝つというのは、味方に勝つことである。味方に勝つというのは、自分に勝つことである。自分に勝つというのは、気力をもって現実の制約に打ち勝つことである。かねてから味方数万人の中にあって、誰も自分に付いてこられる者がいないというほど、心身を鍛えておかなければ、敵に勝つことはできない」という話であった。

勝利の法則は人に勝つ前に自分に克つ

右の文をさらに意訳するとこういうふうになろう。

敵に勝つにはまず味方の中で第一の実力者にならなければダメだ。味方の中で一番になるには、まず自分に克つことだ。自分に克つとは、何より気力が大事である。克己の心で自分を鍛え、味方の中で自分に追い付く者はいないというほどに、心身を鍛え上げなければ、敵に勝つことなどできないという戒めである。

概して外の敵より内なる敵のほうが手強い。

内なる敵とは、油断、過信・慢心・傲慢等である。内なる敵は「仕合わせよき」ときに密かに勢力を伸ばす。「不仕合わせ」であればその点は安心だが、みんな成功を目指している。悲願のかなったときに、内なる敵は生まれるのである。

本物の一流企業は、常に課題を見つけ、課題解決に日夜取り組んでいるが、課題を抱えることは内なる敵の台頭を抑える効果がある。

組織の中に「安心」が広がることは、よい面はもちろんあるが、安心しすぎることには弊害がある。安心と不安のバランスが肝心なのである。

さても経営者の心は休まらない。

勝つために何をするか

企業は他社との競争の中で、勝ち抜いてこそ持続的に成長することができる。私は、勝つためには次の四点がリーダーにとって特に大事だと思っている。

（1）勝利を信じること。リーダーが勝利を疑えば、部下は退却の準備をはじめる。だからリーダーの言葉は重いのだ。軽々しく弱気なことやネガティブな言葉を口にしてはいけない。自分に活を入れずに、どうしてチームを率いることはできようか。

（2）勝利のイメージを心に描くこと。イメージトレーニングは現代スポーツの基礎だが、リーダーは勝利のイメージを心に描いたら、それを部下に伝え、部下の心にも同じイメージが宿るよう働きかけなければならない。

(3)勝つ方法を考え実行すること。勝つために、何をどうやるか立案し実行するのだ。何をやるかは「戦略」であり、どうやるかが「戦術」である。

先述した「理と非」で言えば、戦略は「理」であり、必要に応じて見直しはするが、定まったものだ。

一方、戦術は「非」である。非である戦術は状況によって自在に変化する。変化しなければいけないのだ。戦術の心は臨機応変である。一つの型にこだわってはならない。

(4)あきらめないこと。「万策尽きたときには、あきらめないという妙薬がある」という。けっしてあきらめず、コツコツやることが勝つ秘訣である。前述の通り、私はこれをコツコツカツカツと言っている。

これも、また前述したことだが、上杉謙信は勝利の秘訣を「始終の勝などといふ事は知らず、場を迦(はず)さぬ所ばかりを仕覚えたり。(常に勝つなどということは知らない。勝機を逃さないことだけを覚えた)」(聞書第一-三五)と言っている。

大将には、戦局を見逃さない眼と、チャンスが来たときには直ちに応じることのできる備えが不可欠なのである。

目的は勝つことにあり戦い方ではない

戦いに勝つための戦い方というものはあるが、ここで肝心なのは戦いの目的は勝つことにあるということだ。その上に戦う目的がある。

当たり前のことだが、戦い方を考え工夫しているうちに、上も下もいつの間にか戦い方のほうばかりに気が行ってしまう。

戦いに明け暮れていた戦国の武将でさえそうだった。

葉隠にこうある。

「太閤秀吉公薩摩入の時、軍奉行衆より、先陣龍造寺道押し、軍法に背き、不埒に御座候間、行列直し申すべき由申し上げられ候。太閤聞し召され、『軍に法なし、敵に勝つを軍法とす。龍造寺は九州の槍突なり、あの道にて、仕覚えあるべし、なまじひなる事を云ひ出したらば恥をかくべし。』と御叱り（しか）にて候由。」（聞書第三－六）

豊臣秀吉が薩摩入りのとき、先陣を務める龍造寺（当時の佐賀を治めていた武将）の行軍の仕方が軍法（軍の作法）に反していて不埒であるから、行列を組み直すよう軍奉行（軍を監督する役）から進言があった。

秀吉はそれを聞いて「軍に法はない。敵に勝つ方法が軍法である。龍造寺は九州を代表する武将である。戦の道理には覚えがあるはずだ。こざかしい事を言っては、かえって恥をかくことになろう」と叱ったという話である。

現地の武将を尊重した差配でもあり、さすがに戦に長けた天下人である。目的と手段を混在させていない。

秀吉は時代を超えた原理原則に精通している。

清談は無意味の極み

戦術の精度を上げる努力は勝つために大事だが、目的を見失っては意味がない。手段が目的を超えては存在する意味がない。

経営者の資質もそうだ。

社長には人並み外れて高い倫理観が求められるが、高い倫理観を要求されるのは、多くの人を率いていくために必要だからである。つまり倫理観といえども目的ではなく手段である。

社長は、倫理観さえ高ければそれでよいというものではない。

葉隠は「名利薄き士は多分えせものになつて人をののしり、高慢にして益にたたず」（聞書第一－一五五）と、名誉や金には関心ないと清廉を気取った者は、多分偽者で、自分一人清廉と高慢になり、他人の悪口ばかり言って何の役にも立たないと、清廉を気取ることを戒めている。

清廉さも役に立ってはじめて意味を持つ。

清廉ばかりの人では、下の者がのびのびと仕事ができない。葉隠にも「少々は、見のがし聞きのがしのある故に、下々は安穏するなり」（聞書第一－二四）とある。

鍋島勝茂公も猪狩りのとき、倒したはずの猪が突然起き上がり暴れはじめたため、その周りにいた藩士は慌てて逃げだしたが、そのとき勝茂公は「埃が立つ」と袖で顔を覆い、藩士のうろたえる姿を見ないようにした。

殿さまに不覚悟のありさまを見られては、藩士はただでは済まないから、主君自ら見て見ぬふりをしたのである。

三一、「昨日よりは上手になり、今日よりは上手になりして、一生日々仕上ぐる事なり」

——昨日より今日、今日より明日と自分を高めていけば、老いるほどに輝く一生となる

或剣術者の老後に申し候は、「一生の間修業に次第があるなり。下位は修業すれども物にならず、我も下手と思ひ、人も下手と思ふなり。この分にては用に立たざるなり。中の位はいまだ用には立たざれども、我が不足目にかかり、人の不足も見ゆるものなり。上の位は我が物に仕なして自慢出来、人の褒むるを悦び、人の不足をなげくなり。これは用に立つなり。上々の位は知らぬふりして居るなり。人も上手と見るなり。大方これまでなり。この上に、一段立ち越え、道の絶えたる位あるなり。その道に深く入れば、終に果もなき事を見つくる故、これまでと思ふ事ならず。我に不足ある事を実に知りて、一生成就の念これなく、自慢の念もなく、卑下の心もこれなくして果すなり。

聞書第一 – 四五

（中略）昨日よりは上手になり、今日よりは上手になりして、一生日々仕上ぐる事なり。これも果はなきといふ事なり」と。

【現代語訳】

ある剣術家が老後に言うには、「一生の間の修業には段階がある。下の位のうちは修業しても物にならず、自分でも下手と思うし、人からも下手と思われる。これでは役に立たない。

中の位は、いまだ役には立たないものの、自分の足りないところが見えるようになり、人の足りないところも見えるようになる。

上の位は、剣術を我が物にして自慢ができ、人に褒められることを喜び、人の至らないところを嘆く。これは役に立つ人である。

上の上の位では、自慢などせず、自分は何も知らないというふりをしている。そして人の上手なところに注目する。大方の人はここまでである。

この上にさらに段階を超えた、いまは道の絶えた位がある。

その道に深く入れば、永遠に果てのないことを見つけるため、修業はこれまでと思うことなどできなくなる。自分に不足のあることを深く知って、一生、成就という考えを抱くことなく、自慢の心もなく、卑下の心もない生涯を送る。正に木鶏の域に達した人と言えよう。

修業とは、昨日よりは上手になり、今日よりは上手になって、一生をかけて日々仕上げていくことである。これも、修業に果てはないということである」とのことであった。

真理を追求し続ける人には老いも衰えもない

私は長年にわたり企業経営に携わってきた。しかし、経営を極めたかと問われると、いまだに道遠しと答えざるを得ない。

経営の原理原則についても長く実践もし、研究もしているが、一つ掴んだと思うと、すぐにその上が現れ、もう一段這い上がると、さらにもう一段が眼前にそびえ立つ。したがって原理原則についても、依然として追い求めている最中である。

そのため毎日、毎日、新しい発見がある。本書も、私が八十歳になって「新発見」した葉隠の読み方から生まれた。

新発見には感動が伴う。だから毎日、毎日、新鮮な感動がある。

四書五経の『大学』には「湯の盤の銘に曰く、まことに日に新たに、日々に新たに、また日に新たなりと」という有名な一節がある。

湯とは、中国の古代王朝である殷を開いた人で、その湯王が毎朝洗顔する水盤には、「まことに日に新たに、日々に新たに、また日に新たなり」と銘が刻まれていたということである。湯王は、旧態依然と惰性で日を送ることを毎朝戒めていたのである。

葉隠にも、前述したとおり「一年の内、春ばかりにても夏ばかりにても同様にはなし。一日も同然なり。」（聞書第二－一八）とある。一年が、仮に春ばかりだったとしても、夏ばかりだったとしても、一日とて同じ日はない。一日のうちでも変化の連続で一秒たりとも同じ時間はないということである。

どれだけ歳月を重ねても毎日、毎日は新しい。にもかかわらず、人だけが古びていく道理はない。人もまた日々新たにであるべきなのだ。

一生でやり尽くせることなどない

知識や経験は、年齢を重ねるほどに豊かになる。

知識や経験は毎日、毎日、増え続けていく。増え続けるから、いつまで経っても頂上（ピーク）は来ない。ピークがないのだから、当然ピークアウトすることもない。いつまでも、いつまでも登り坂で、下り坂はないのである。

ところが、世のビジネスパーソンの多くは現役をリタイアすると、たちまち目標を失い、趣味に生きがいを見いだそうとする。

しかし、その趣味も長続きしないことが多く、キョウヨウとキョウイクを求めはじめる。キョウヨウとは今日の用事であり、キョウイクとは今日行くところだ。いかに無聊（ぶりょう）を慰めるかが、人生の課題となる。残念なことだ。

オリンピックのメダリストは、いったん目標を達成したために、それ以後「燃え尽き症候群」に陥ることがあるという。燃える（burn）は望ましいことだが、燃えつき（burn out）てしまうのは困る。

競技を続行する動機がなくなり、悩む選手は少なくないようだ。オリンピック選手が金メダルを獲得して、これでもう競技者として完成した、やり尽くしたと考えるのは当然と思う。

スポーツの多くは肉体の競技である。

肉体には必ずピークがある。いかに気力で体力を補っても、競技者としては限界がある。いつかピークアウトするものだ。

しかし、真理の追求や精神の修行にピークアウトはない。

ビジネスパーソンの時代に追いかけてきたものは、自分はどこまで成し遂げられたのか、改めてチェックしてみてほしい。

多くは葉隠が言うところの「上の位」か「上々の位」であり、十分自慢できて、人からも褒められるレベルだろう。

この段階にある人なら、さらにその上があることをもわかっているに違いない。にもかかわらず、上の段階へは足を踏み込もうとはせずに、「もう十分やった」「やり尽くした」「いまさら……」とするのは、自ら心を老けさせているのではないだろうか。

一生かけて追求するものを五十代、六十代までに見つけるのは、けっして困難なことではないはずだ。

「年を重ねただけで人は老いない。理想を失うときにはじめて老いがくる」とサミュエル・ウルマンが、その有名な詩「青春」で言っている。老いは自らが創り出しているのだ。

たとえ現役を退いても、真理を追い求める情熱の火を自ら吹き消してはならないはずだ。

人生は経年美化である

物の材質や機械の性能は、古くなるに従い落ちてくる。これを経年劣化という。人の身体も青年期をピークに、中年期、壮年期、老年期と順に衰えてくる。自然の摂理なので致し方ない。

しかし心は違う。

心は死ぬまで成長し続ける。時間が経てば経つほど、磨き続けた心は輝きを増す。心や魂は経年美化なのである。輝きを失うとしたら、それは心の持ち主が磨くことを止めたときだ。あきらめや怠惰に負けたときである。

心の成長に「もう十分」がないのは、先に述べた通りである。

孔子は「あしたに道を聞かば夕べに死すとも可なり」と言った。朝に道を知ることができたなら、その日の夕方に死んでもよいという意味である。

この孔子の言葉は臨終間近に弟子へ残したものといわれる。

孔子は、その当時としては、極めて長寿と言える八十歳を超えてこの世を去っている。孔子ほどの天才でも、八十年を超える生涯をかけ道を求め続けても、道を知るには至らなかったのだ。孔子にさえできなかった事を、常人では到底不可能だろう。

だが、そう考えてあきらめるのでは、人として生まれた甲斐がない。孔子には及ばずとも、少しでも孔子の見た景色に近づきたいものである。

「昨日よりは上手になり、今日よりは上手になりして、一生日々仕上ぐる事なり」と、一歩ずつ前に進み続ける人は毎日が新しい。何歳であろうと心は青年のままだ。

「若い頃に流さなかった汗は、年老いてから涙となって返ってくる」という言葉がある。歳を重ねても、成長し続けるのみである。

おわりに

本書では葉隠のほんの一部にしか触れていない。

葉隠を読み進めると、随所に前後で矛盾するような記述に遭遇する。喧嘩を奨励するような記述があれば、大事な藩士をつまらない斬り合いで失うようなことは避けるべきだという意味の記述もあり、また私心を捨てよと言った後に、功名心や物欲のない者は、本物にはなれず、高慢になって人の悪口ばかり言うようになり役に立たないとも言う。

葉隠は教条主義的に、ただ書いてあることを、平面的になぞればよいという単純な作りになってはいない。紙背に、相矛盾することを両立させる「道」の存在をうかがわせる。

経営とは、相矛盾することを並び立たせるワザである。あちらを立てれば、こちらが立たずという状態を英語で“Trade Off”という。経営は、トレードオフとなることを、あちらも立ててこちらも立てる“Trade On”をよしとする。

この絶妙のバランス力こそ経営なのである。今回は触れることができなかったが、葉隠には、このバランス力の奥義が隠されているように思える。

現代では「武士道といふは、死ぬ事と見つけたり」という言葉は知っていても、それが葉隠に収められていると知っている人は、年々少なくなっているようだ。葉隠を手に取って読んだことのある人は、さらに少ないだろう。

手に取ったことのある人でも、二巻、三巻まで読み進めた人となると、手に取った人のうちの一割くらいではないだろうか。

したがって葉隠の中にある、現代のビジネスシーンで応用できる数々の知恵について、知っている人はごくわずかとなるはずだ。

先人の叡智を埋もれさせておくのは、もったいないことである。

とはいえ、かく言う私も葉隠の面白さに、つい最近まで気がつかなかった一人だ。約六十年前に葉隠を手に取って以来、何度か読み進めたことはあったが、ビジネスの世界との関連性（Relevance）という観点から考えたことはなかった。

いま日本人の「読む力」が落ちていると言われる。

そのためか、本の文字数は年々少なくなっているように見える。試みに三十年前の書籍を手に取りページを開いてみると、現在の本の一・五倍ほどの文字が詰まっていた。単純に文字数から算出すると、日本人の読書力は3割減退していることになる。

情報は本にだけあるのではないから、読書力の衰退が、イコール情報力の衰えと言うことはできない。しかし、読書力もなしに、情報力があるとは言えないはずだ。

読書力をつけるには、読書するしかない。それも、読みやすい本ばかり読んでいては、大した読書力はつかないものだ。

望ましくは、本は原書・原文で読むほうがよい。つまり、英語で書かれた本は、可能な限り原書で読み、日本の古典はできる限り原文で味わうことをお勧めする。そうすることで、翻訳では気づかなかった、小さくても大事な点が見つかるものだ。

英語では"Excellent is a thousand details."（卓越は千の詳細）という。日本語で言えば「神は細部に宿る」だ。

葉隠は、けっして読みやすい本ではない。だが読みにくい本を、一つひとつの文章を解き明かしながら読み進めることも読書の醍醐味の一つである。

読みにくいからといって、後回しにしたり、読む機会を放棄してはいけない本がある。

それは葉隠だけではないものの、葉隠も、またその一つであることは疑いないと私は考えている。

私も、また、読みにくい葉隠を引き続き、一つひとつ読み解いていきたい。

〈著者略歴〉

新将命（あたらし・まさみ）

1936年東京生まれ。早稲田大学卒。株式会社国際ビジネスブレイン代表取締役社長。シェル石油、日本コカ・コーラ、ジョンソン・エンド・ジョンソン、フィリップなど、グローバル・エクセレント・カンパニー6社で社長職を3社、副社長職を1社経験。2003年から2011年3月まで住友商事株式会社のアドバイザリー・ボード・メンバーを務める。「経営のプロフェッショナル」として50年以上にわたり、日本、ヨーロッパ、アメリカの企業の第一線に携わり、今もなお、様々な会社のアドバイザーや経営者のメンターを務めながら長年の経験と実績をベースに、講演や企業研修、執筆活動を通じて国内外で「リーダー人財育成」の使命に取り組んでいる。著書に『新将命の社長の教科書』『上司と部下の教科書』（ともに致知出版社）、『経営の教科書』『リーダーの教科書』『王道経営』（いずれもダイヤモンド社）、『最強のリーダー力』（日本文芸社）『信じる力』（東洋経済新報社）『経営理念の教科書』（日本実業出版社）などがある。

伝説の外資トップが感動した「葉隠」の蔵言

令和三年五月十日第一刷発行

著者　新　将命

発行者　藤尾　秀昭

発行所　致知出版社

〒150-0001東京都渋谷区神宮前四の二十四の九

TEL（〇三）三七九六―二一一一

印刷・製本　中央精版印刷

落丁・乱丁はお取替え致します。　（検印廃止）

ISBN978-4-8009-1250-3 C0034

ホームページ　https://www.chichi.co.jp

Eメール　books@chichi.co.jp